미국에서 일하는 엔지니어
취업부터 PM까지

임재원 저

미국에서 일하는 엔지니어
취업부터 PM까지

펴 낸 날 2026년 3월 12일

지 은 이   임재원
펴 낸 이   이기성
기획편집   권희연, 최인용, 이서은
표지디자인 권희연
책임마케팅 이수영, 김정훈
펴 낸 곳   도서출판 생각나눔
출판등록   제 2018-000288호
주   소   경기도 고양시 덕양구 청초로 66, 덕은리버워크 B동 1708, 1709호
전   화   02-325-5100
팩   스   02-325-5101
이 메 일   bookmain@think-book.com

• 책값은 표지 뒷면에 표기되어 있습니다.
  ISBN   979-11-7048-989-4(03190)

미국에서 일하는 엔지니어
취업부터 PM까지

임재원 저

생각나눔

제3장 미국에서의 직장 생활

들어가는 말

글로벌 시대가 되고, 이제는 한국에서 근무하고 공부하는 외국인들을 보는 것이 쉬워진 것처럼 한국의 많은 우수한 인력들 역시 해외에서 공부하고 현지에서 취업하여 본인의 능력을 시험해 보고자 하는 경우가 많아졌습니다. 해외 취업을 생각하는 이들 가운데 상당수는 선진국, 특히 영어를 사용하는 영미권 나라를 목표로 하고, 그중에서도 미국을 가장 먼저 고려하는 경향이 있습니다. 왜 항상 미국을 먼저 고려할까요? 그것은 바로 미국이 바로 세계의 초강대국이면서도 경제, 기술 등 많은 분야에서 선도하는 국가이기 때문일 겁니다.

저는 한국에서 태어나고 자라서 의무교육과 대학교까지 마치고 한창 취업을 준비하던 대학교 4학년 때, 한국에서 영어 강사로 일을 하던 미국인 여성을 만나서 교제를 하고 결혼 후 자녀를 가졌습니다. 그리고 발전분야가 전문인 설계회사에서 직장생활을 약 4년 조금 넘게 하다가 미국으로 건너와서 새로운 직장생활을 시작하게 되었습니다. 미국에 온 이후에는 발전분야에서 일을 할 수는 없었지만, 지난 약 9년 동안 다양한 분야 식품제조업, 제지업, 상수도 관련의 대기업, 공기업에서 Project Manager, Utilities Engineer, Reliability

Program Manager 등의 여러 역할을 겪었습니다.

한국과 미국이라는 나라는 사용하는 언어부터, 문화, 음식 그리고 사람들까지 많은 것이 다르고, 회사문화 역시도 많이 다릅니다. 저 또한 상당한 시행착오를 겪었고, 때로는 큰 문제에 봉착하기도 하였습니다. 이 책은 제가 지금까지 겪은 경험과 배움을 공유함으로써, 미국에 취업을 생각해 보는 한국의 엔지니어, 대학생들이 어려움을 조금이라도 덜 겪었으면 하는 마음에서 썼습니다.

또한 이 책을 쓰는데 지원을 아끼지 않은 저의 배우자와 아이들에게 감사와 애정을 표합니다.

제1장

미국 생활

　　모든 해외생활의 기본은 그 나라에서 합법적으로 체류할 수 있는 자격을 얻는 것입니다. 설사 여행을 가더라도 무비자입국이 가능한지, 아니면 비자를 취득해야 하는지부터 확인을 해야 하는데, 하물며 새로운 나라로 아예 생활 터전을 옮기는 이민의 경우에는 모든 것을 더더욱 조심해서, 돌다리도 두들기면서 진행할 필요가 있습니다. 본인의 능력이 아무리 뛰어나고, 영어를 잘하더라도 미국에서 합법적으로 체류와 취업을 할 수 있는 신분(Status)이 없다면 정상적인 직장생활을 하는 것은 거의 불가능해지기 때문에, 가장 최우선적으로 고려를 해야 할 중요한 요소입니다.

　우리가 아는 가장 흔한 법적 신분이 바로 영주권(Permanent Residency)입니다. 영주권 이외에도 취업비자인 H1B, 주재원비자인 L1 등이 있지만, 이 비자들은 제가 경험해보지 않아서 여기서는 언급을 하지 않도록 하겠습니다. 법적 신분이 없다면 흔히 말하는 불법체류자, 불법이민자(Undocumented Immigrant or Illegal Immigrant)가 되어서, 일상생활을 영위함에 지대한 불편함을 느낄 뿐만 아니라 언제든 추방의 공포에 시달리게 됩니다. 특히 미국의 현 정부는 불법 이민자에 대해서 상대적으로 부정적인 태도를 취하고 있기 때문에, 더더욱 조심하셔야 할 필요가 있을 겁니다.

불법체류자가 되면 미국에서의 모든 것이 불편해집니다. 정상적인 취업도 어렵고, 운전면허의 취득도 당연히 어려워지면서 항상 체포와 추방의 공포에 떨어야 하는 등 심각한 경제적·사회적·심리적 불이익을 겪게 됩니다. 그렇기 때문에, 미국에 체류, 이민을 계획하실 때에는 가능하면 Risk를 피하거나 최소화하시는 방향으로 항상 준비하시는 게 좋습니다.

영주권을 가지고 시작하다

저는 배우자가 미국인이기 때문에, 미국 시민의 배우자를 대상으로 발급하는 이민 비자를 서울에 있는 미국 대사관에서 발급 받아서 미국에 입국했습니다.

결혼이민이 아니라면 대개 학생 비자로 미국에 오셔서 공부하고 졸업하여, 취업비자(H-1B)로 전환을 했다가 다시 취업을 바탕으로 영주권을 신청하여야 하는데, 시간도 오래 걸리고 H-1B비자로는 최대 6년이라는 취업 기간에 제한이 있을 뿐더러, 비자를 스폰서하는 회사에만 취업할 수 있다는 단점이 있습니다. 반대로 영주권은 이러한 제한이 없기 때문에, 원하는 지역에 원하는 직장에 취직해서 바로 경제적으로 안정될 수 있다는 것은 정말로 큰 장점입니다.

이민비자를 발급받기 위한 절차는?

미국 시민과 결혼한 배우자는 CR1 또는 IR1이라는 비자 분류를 적용받습니다. CR1은 결혼한 지 2년이 안 된 배우자에게 발급되는 비자로, 미국에 입국하면 2년짜리 조건부 영주권이 발급됩니다. 반대로 IR1은 결혼한 지 2년을 초과한 배우자에게 발급이 되어, 미국에 입국을 하면 10년짜리 일반적인 영주권이 나오게 됩니다.

이민비자를 발급받는 절차는 우선 미국인 배우자가 USCIS(US Citizenship and Immigration Services – 미국 연방 이민국)에 I-130(이민청원)을 접수함으로써 시작합니다. 제가 비자를 진행하던 2016년에는 주한국 미국 대사관에 USCIS 인력이 파견 나가서, 한국에서의 이민청원을 모두 직접 처리했습니다. 그러다 보니 승인까지 걸리는 시간이 지금과는 비교도 되지 않게 짧았는데 지금은 이 인력들이 모두 미국으로 철수해서 이민 청원서(I-130)를 미국 본토의 이민국에 직접 보내야 합니다.

I-130은 Petition for Alien Relative(외국인 친지를 위한 청원)으로 불리며, 가족관계가 있는 외국 국적의 사람을 미국으로 초청하기 위한 서류입니다. 미국 시민권자는 배우자뿐만 아니라 본인의 부모님과 형제자매까지 이민청원을 할 수가 있는데, 단지 형제자매의 경우에는 시간이 10년 이상으로 매우 오래 걸리는 것이 단점입니다. I-130가 승인이 되면, 한국에서 케이스를 진행하시는 경우에, 대사관에서 지정한 특정 병원에 가셔서 비자 신체검사(혈액검사, 성병검사, 결핵 등)를 하고 검사 결과를 받아서 DS-260이라는 서류를 작성한 다음에 광화문에 있는 미국 대사관에 가서 면접을 보시면 됩니다.

대사관에서 비자 발급을 담당하는 영사와 면접을 보고 나서, 비자 승인이 되면 6개월의 유효기간(또는 본인의 건강 상태에 따라 다를 수도 있음)이 적힌 비자를 여권에 발급받게 됩니다. 그리고 발급 받은 비자가 만료되기 전에 대사관에서 주는 노란색 봉투(지금까지 비자 신청과정에서 제출한 서류들이 전부 담겨있음)를 미국에 입국(항공, 육로 등)하면서 입국심사관에서 제출하면 모든 과정이 마무리됩니다. 대사관에서 주는 노란색 봉투는 절대로 중간에 마음대로 개봉해서는 안 되고 밀봉된 상태 그대로 미국에 입국할 때까지 잘 보관해야 합니다. 한국 분들은 대개 미국에 항공편으로 도착하므로, 미국의 공항에서 입국 심사관에서 노란색 봉투를 그대로 제출하고, 최종 입국허가가 떨어지고 나면 영주권 주소가 미국의 거주지 주소로 배달됩니다.

결혼한 지 2년이 안 된 상태에서 입국을 할 때 나오는 2년짜리 임시영주권을 받는다면, 만료되기 전에 영구영주권 신청을 꼭 하셔야 합니다. 이 시기를 놓치면 이민 수속을 처음부터 다시 밟아야 하므로, 돈과 시간을 왕창 낭비할 수밖에 없습니다. 2년짜리 임시영주권의 목적은 위장 결혼 같은 이민 사기가 있다 보니 이를 걸러내기 위한 수단입니다만, 의외로 영구 영주권 신청을 깜박하시는 분들이 많습니다.

아래 영주권의 사진이 예시이며 왼쪽의 사진이 예전 영주권 모습이고, 오른쪽의 영주권 사진은 새로운 디자인입니다.

영주권자가 되면

영주권자가 되면, 다음과 같은 권리를 얻습니다. (출처: Rights and Responsibilities of a Green Card Holder(Permanent Resident) | USCIS)

- 이민법에서 추방을 요구하는 범죄를 저지르지 않는 한, 미국에 평생 머무를 수 있는 권리.
- 미국에서 시민권을 요구하는 직업을 제외한 어떤 직업이라도 선택하고 일할 수 있는 권리.
- 미국 법에 따라서 보호받을 수 있는 권리.

반대로 영주권자로서 행하여야 하는 의무 또한 얻게 됩니다.
- 미국 법을 준수해야 하는 의무.
- 세금신고를 해야 하는 의무
  - 이는 미국에서 발생하는 소득뿐만 아니라, 전 세계에서 본인의 이름으로 발생하는 모든 소득, 은행 계좌 등을 미국 국세청에 매년 신고하여야 합니다.
- 정부의 민주주의 형식을 지지해야 하는 의무.
  - 영주권자는 연방, 주, 지방 선거에 투표를 할 수 없으며, 투표를 할 경우에 미국 시민권자 사칭으로 미국에 평생 입국 금지가 됩니다.
- 만 18세에서 25세 사이의 남성이라면 Selective Service(징병등록)을 해야 하는 의무.
  - 만약에 영주권자가 징병등록을 하지 않으면, 추후에 시

민권 신청이 거절될 수 있고 연방정부에 취직, 연방정부 학자금 신청 또한 불가능해집니다.
- 저는 이민 왔을 때 이미 만 30세였기 때문에, 해당 사항이 없었지만 이에 해당하는 경우는 반드시 적절한 절차를 따르시길 바랍니다.

그리고 영주권자는 미국에 영구적으로 거주할 의도를 드러낸 것이기에, 1년에 6개월 이상 무조건 미국에 머물러야 합니다. 만약에 해외에 거주하는 기간이 더 긴 경우에는 미국 입국 시에 심사관에 영주권 박탈을 추진할 수도 있으니 조심하는 것이 좋습니다. 특히, 요즘처럼 정권이 이민자들에게 굉장히 비우호적일 때는 더더욱 조심해야 합니다.

아무튼 영주권이 있으면 취업, 창업 등에 있어서 연방정부를 제외하고는 제한이 없다고 생각을 하시면 됩니다. 연방정부는 미국 시민권자만을 채용하기에 영주권자의 채용이 아예 불가능하지만, 주 정부나 카운티, 시 정부는 영주권자 역시 채용하는 점을 염두에 두시면 되겠습니다. 예전에는 시민권자만 채용하던 법 집행 인력도 주에 따라서 영주권자의 채용이 허용되기도 합니다(California, Illinois, New Mexico, Colorado, Louisiana, Maine, Washington, and Hawaii). 그리고 한국에서 이미 군 복무를 남성이시라면 군대를 두 번 가야 한다는 단점이 있긴 하지만 미군에 입대가 가능해집니다. 물론 미군에서 기밀 접근 인가를 받아야 하는 보직은 외국인에게 개방을 하지 않아서, 보직의 선택에 제한이 있습니다만, 대신에 미국 시민권을 급행으로 취득할 수 있다는 아주 큰 장점이 있습니다.

여기에 더하여 영주권자는 미국의 세법상 Tax Resident로 분류가 되어, 전 세계에서 발생하는 모든 수입을 미국 국세청에 보고할 의무를 가집니다. 즉, 한국에서의 본인 이름으로 된 모든 금융계좌와 소득을 미국 국세청에 세금 신고를 해야 하고, 한국에 납부된 세금이 미국 국세청 기준으로 적다고 판단되면 추가로 세금을 징수합니다. 반대로, 한국에서의 납부된 세금이 초과로 징수되었다고 판단되면, 미국 국세청에서 직접 환급을 해주기도 합니다. 이러한 경우에는 무조건 US Tax Resident로 분류가 되어야 합니다(미국 시민권자 또는 영주권자여야 하며 1년에 183일 이상 미국에 체류해야 함).

초기 정착은 어디에서?

미국으로 이민할 결심을 굳히고 합법적인 지위를 가지셨다면, 이제는 이 넓은 미국 땅 어디에 살지를 결정하셔야 합니다. 한국인이 가장 많이 사는 캘리포니아로 갈지, 아니면 동부의 뉴욕이나 중남부의 애틀랜타, 아니면 중서부의 시카고로 가실지 생각을 해보셔야 합니다.

저는 미국 생활을 하면서 항상 시골에서만 사는 바람에 대도시에 살아본 적이 없지만, 출장을 많이 다니면서 보고 느낀 바를 조금 적어보겠습니다.

캘리포니아

캘리포니아는 미국의 서부에 위치해서 태평양을 접하면서 가장 인구가 많은 주이고, 농업부터 최신 산업까지 다양한 분야의 일자리가 존재하는 기회의 땅입니다.

- 인구 : 약 4,000만 명

- 면적: 423,970 km²(남한의 약 4.2배)

- 주도: 새크라멘토

- 가장 큰 도시: 로스엔젤레스

  • 미국에서 두 번째로 인구가 많은 도시.

- 경제 규모(GDP – 국내 총생산): 전 세계에서 4번째

  • 1위 – 미국 ($29.1 trillion)

  • 2위 – 중국 ($18.7 trillion)

  • 3위 – 독일 ($4.6 trillion)

  • 4위 – 캘리포니아 ($4.1 trillion)

  • 5위 – 일본

경제규모가 큰 만큼 인구도 많지만 대신에 물가도 비싸고, 집값도 비싸며 모든 것이 상대적으로 비쌉니다. 그리고 많은 한국분들이 LA 나 근교의 오렌지 카운티에 거주하고 계시며, 남부 캘리포니아는 전 반적으로 한국 음식 인프라가 엄청 잘 되어 있습니다. 여기서 먹는 한국 음식은 진짜 한국에서 먹는 한국 음식과 그리 큰 차이를 느끼

지 못할 정도로 맛있는 식당들이 즐비합니다. 또한 H-Mart(한국 식품 / 아시아 식품 전문 마트)가 많아서 한국 식품과 야채 등을 구하기도 정말 쉽습니다.

추가로 한국에서 LA까지 항공편(대한항공, 아시아나항공, 에어프레미아)도 자주 있어서, 모국을 방문하기도 좋고 도시화가 많이 되어 있어 일자리도 많고, 날씨도 좋아서 도시 생활과 한국 음식을 즐기고 싶으신 분들은 캘리포니아에서 시작하는 것이 정말 좋습니다.

조지아 / 애틀랜타

조지아주는 많은 한국 기업들이 집중적으로 투자를 진행하고 있어서, 한국인 커뮤니티가 빠르게 성장하고 있는 지역입니다.

- 인구 : 약 1,100만 명
- 면적: 154,077 km², (남한의 약 1.5배)
- 가장 큰 도시: 애틀랜타
- 주도: 애틀랜타

애틀랜타 근교에 둘루스라는 곳에 주로 한국 관련 인프라가 많고, 한국분들도 많이 거주하고 있습니다. H-Mart, 맛 좋은 한국 식당들이 많아서, 저도 애틀랜타에 출장을 갈 때마다 시간 내서 저녁을 먹으러 가기도 합니다. 그리고 애틀랜타에서 한국의 인천공항에 델타항공과 대한항공이 취항을 하고 있어서, 직항편도 많고, 물가나 집값은 상대적으로 저렴한 편입니다. 여름에는 굉장히 더워서 시민들 스스로 자조하며 Atlanta 대신에 핫틀란타(HOTlanta)라고 부르기도 합니다. 조지아의 주도이고 명문대학교들도 많아서 학계, 산업계 그리고 주 공무원 등 다양한 일자리가 많습니다.

요즘에는 Savannah(서배너) 지역에 한국인들이 눈에 띄게 늘었다는 것을 체감합니다. 한국 식당도 많아지고, Downtown에서 관광하시면서 돌아보시는 한국 분들도 정말 많습니다.

일리노이 / 시카고

이제 드디어 제가 거주하는 일리노이주입니다.

- 인구 : 약 1,270만 명
    - 미국에서 6번째로 인구가 많음.
- 가장 큰 도시: 시카고
    - 미국에서 3번째로 인구가 많은 도시.
- 주도: 스프링필드
- 면적: 149,997km², (남한의 약 1.5배)

시카고는 미시간 호수 서쪽에 위치해 있으며, 인구는 약 270만 명
이지만 시카고 광역권에 거주하는 인구를 합치면 약 1000만 명에 가
깝습니다. 미국 내에서는 범죄율이 높은 도시로 악명이 높지만, 낮에
는 대부분 안전하며 해가 진 이후에만 밖에 나가지 않으면 괜찮습니
다. 북쪽에 위치하고 미시간 호수에서 불어오는 바람을 정통으로 받
기에, 겨울에 체감온도가 굉장히 낮은 도시이기도 합니다.

뉴욕이나 엘에이처럼 코리안타운은 없지만 많은 한국분들은 시카

고 북서쪽의 글렌뷰(Glenview), 샴버그(Schaumburg) 지역에 많이 거주하고 있습니다. 시카고 도심까지의 접근성은 약 40분 정도라고 생각을 하시면 되고, 오헤어 공항까지는 약 20분 정도로 보시면 됩니다.

대한항공에서 시카고까지 매일 직항편을 운행하고 있지만, 직항편은 항상 비싸서 큰 마음을 먹지 않는 한 이용하기가 쉽지 않습니다.

일리노이주의 단점으로는 세금이 특히, 부동산세가 상대적으로 높다는 것입니다. 캘리포니아의 경우에는 부동산 세율은 낮지만 집값 자체가 워낙 비싸기에 세금을 많이 낸다고 한다면, 일리노이는 집은 상대적으로 저렴한데 세율이 높아서 세금을 많이 냅니다. 그리고 납세자 입장에서는 그 많은 세금이 다 어디로 가는지 모르겠습니다.

한국 음식은 당연히 캘리포니아나 애틀랜타만큼 맛있지는 않지만, 그래도 잘 찾아보면 맛집들이 분명히 있습니다. 다만 상대적으로 맛집의 비율이 낮다는 것을 아시면 좋겠습니다. 날씨는 4계절이 뚜렷해서, 한국과 비슷한 날씨이지만 일리노이주는 지형이 전부 평평해서 산행을 좋아하시는 분이라면 좀 답답하실 수도 있습니다.

필요한 초기 정착 자금?

지역을 정했으면 이제는 어느 정도의 자금이 필요한지 알아볼 필요가 있습니다. 미국에 오자마자 구직활동을 시작하신다고 하여도, 최종 오퍼를 받고 일을 시작하기까지는 아무리 빨라도 최소한 3개월입니다. 좀 길어지면 8~9개월 또는 그 이상까지도 생각을 하셔야 합니다.

우선 아파트에 월세를 구하시는 것이 대부분인데, 방 2개나 3개짜리 아파트의 월세는 지역마다 편차가 있겠지만 최소한 월 $3,000~$5,000 정도를 생각하시는 것이 좋습니다. 물론 부촌에 거주하기를 원하시면 월세는 더더욱 비싸질 것이고, 새로운 신축 아파트에 거주를 고려하셔도 마찬가지일 겁니다.

그 다음에는 자동차, 자동차 보험, 의료비, 식비, 유류비, 등등을 모두 고려할 때 매달 아래 정도의 지출을 예상해서 준비하시면 도움이 될 듯합니다.

- 월세 : $4,000
- 자동차: $20,000 (적당한 중고차, 세단)
  - 아직 미국에 신용기록이 없기에 할부는 당연히 안 돼서, 무조건 현금을 준비하셔야 합니다.

- 유류비: 약 $500

- 자동차 보험: 약 $300

    • 미국에 운전 기록이 없기에, 초보 운전와 비슷한 요율
      을 적용합니다.

- 식비: $1,200 (4인 가족)

- 전기/수도 등등 공과금: $500

- 인터넷: $100

- 휴대폰: $150

이렇게 최소한으로만 하고 살더라도 한 달에 $6,750 정도의 지출이 필요합니다. 자동차의 경우에는 1회성 지출이기에 월별 예상지출에는 포함하지 않았지만 초기 정착 자금에는 포함을 해야 합니다. 그러면 약 6개월의 지출에 자동차 같은 1회성 지출을 포함하면(6,750 x 6 + $20,000 = $60,500.0) 한화로 약 7,900만 원 정도를 생각하고 준비하셔야 할 겁니다(환율 1,300원 기준).

제가 이민 초창기에 가져왔던 자금이 이것보다 조금 더 많았는데, 다행스럽게도 장인/장모님 댁에 지낼 수 있어서 저는 상당한 비용을 절약할 수 있었습니다. 하지만 한국에서 바로 오시는 가족들의 경우에는, 상당히 부담되는 금액이라는 것이 틀림없습니다.

한국에서의 직장을 그대로 유지하고, 미국에서 원격근무?

혹시나, 초기 정착비용이 매우 크기 때문에, 한국에서의 고용관계를 그대로 유지하고 미국에 와서 원격으로 일을 하면서 미국 현지 취업을 준비하겠다라는 생각을 하실 수도 있을 겁니다.

하지만 영주권을 가지고 있지 않다면 절대로 하지 마시기 바랍니다.

미국의 이민법은 미국 법이 적용되는 구역(미국 내)에서의 취업행위/노동을 하려면 적합한 비자를 받아야 한다고 규정하고 있습니다. 미국에서 살면서 한국에 있는 회사에 노동행위를 제공하는 것조차도 영주권이나 해당 행위를 허용하는 비자를 보유하고 있어야 합니다. 만약에 이러한 노동행위를 하다가 나중에 영주권 신청과정에서 걸리게 되면 그야말로 빼도 박도 못하고 영주권이 거절되고, 추후에 미국에 입국하는 것이 매우 힘들어질 수 있습니다.

제가 추천 드리는 것은, 미국에 입국하기 전에 그리고 뭔가 애매하다 싶은 점이 있으면 한국이나 미국에 있는 여러 이민법 변호사들에게 자문을 한번 구해보라는 것입니다. 물론 미국 이민법 전문 변호사와 상담을 하기 위해서 비용을 지불해야 하겠지만, 이민과정에서는 편법을 사용하는 것보다는 언제나 안전하게 진행하는 것이 궁극적으로 더 도움이 됩니다.

　한번 이민법에 위반사항이 생겼지만 영주권 신청과정에서, 운이 좋게 넘어갔다고 할지라도 나중에 발각이 되면 그대로 영주권 취소 사유가 될 수 있습니다. 이미 시민권을 취득했다고 하더라도, 영주권/시민권 취득 과정에서 거짓말/위반 사유 등이 사후 발각되면 그대로 영주권/시민권이 취소되고 한국으로 추방될 가능성이 매우 높습니다.

새로운 친구들 사귀기

아이나 어른이나 새로운 곳에 정착을 하게 되면, 지역에서 편하게 알고 지낼 수 있는 인맥 또는 친구를 만들고 싶어 합니다. 제가 보아온 많은 한국인 부부나 가족들은 대개 같은 한국인들끼리 교류하는 것을 더 선호하고 현지의 미국인 부부나 가족들과 깊은 교우 관계를 맺는 것은 쉽게 보지 못했던 것 같습니다. 반대로 저처럼 배우자가 미국인인 국제 커플은 현지의 미국인 가족들과 교류하는 경우가 더 많았습니다.

물론, 제가 겪은 경험에 의존하는 것이기 때문에 이를 일반화할 수는 없습니다. 하지만 외국에서 이민생활을 시작하시는데, 가능하면 현지인들과 교류를 많이 하시는 게 오히려 이민의 목적에 더 부합하지 않나 하는 생각을 해봅니다. 심한 경우에는 한국분들이랑만 소통하시면서 한국의 텔레비전(예능, 뉴스 등) 프로그램을 매일 같이 시청하고, 의사도 한국 의사를 찾으시려고 하며 모든 생활을 한국어로만 하려는 노력을 보면, 왜 굳이 타지에 그것도 해외에 나오신 것일까 하는 의문이 들 때가 있습니다.

종교가 있으신 분들은 이왕이면 현지의 성당, 교회 등을 경험해보시는 것도 좋습니다. 물론 언어 장벽이 있을 수는 있지만, 먼 나라,

타지에 와서 정착하는 것이 목표인 이민생활을 선택하셨으면서, 막상 새로운 도전에서 고개를 돌리는 모습을 보면 좀 안타까울 때가 있습니다.

미국에서 살아보니 현지 미국인이나 한국인이나, 사람 사는 것은 전부 비슷합니다. 문화나 먹는 음식 등은 차이가 있을 수 있지만 자녀 교육이나 은퇴 등에 신경 쓰는 모습, 여행계획을 짜는 모습 등 사람 사는 모습은 거기서 거기입니다. 그러니 좀 더 마음을 열고, 현지에 적극적으로 적응하는 것이 이민생활에 큰 도움이 된다고 생각합니다.

미국의 주거 유형

미국에서의 거주를 생각하신다면, 어떠한 주택 종류가 있는지에 대해서 알아보아야 할 필요가 있습니다. 한국에서는 단독주택 - 아파트 - 빌라 - 오피스텔 - 원룸 등으로 분류가 되지만 미국에서의 대분류는 단독주택 - 콘도 - 아파트의 형태로 나눌 수 있습니다.

단독주택은 Single Family House로 불리며 많은 미국 영화에서 보는 일반적인 주택입니다. 주택을 구매하게 되면 주택이 위치한 땅과 그 위의 건축물을 모두 소유하는 방식이 됩니다. 구조는 목조구조가 대부분이고 지역에 따라서 지하실이 있기도 하고 없기도 합니다. 지진이 많은 캘리포니아는 지진이 발생하면 매몰의 위험 때문에 지하실을 짓지 않지만 토네이도가 많은 지역(텍사스, 아칸소, 미주리, 아이오와, 일리노이 등)은 대피할 공간이 필요하기 때문에 거의 대부분 지하실을 짓습니다.

단독주택의 장점이라고 한다면, 층간소음이나 이웃과의 소음 등에 대한 걱정이 없이 나와 내 가족의 완벽한 사적 공간이라는 것입니다. 하지만 장점이 있으면 단점도 있습니다. 가장 큰 단점은 집이 부서지거나 고장이 나면 본인 스스로 비용을 부담해서 고쳐야 한다는 것인데, 대표적인 것으로는 지붕, 에어컨, 온수기 등이 있습니다.

지붕의 수명은 대개 20년~25년 정도 되지만, 본인이 집을 구매할 때, 지붕의 수명이 거의 다 된 상태였다면 이를 교체하는 비용은 당연히 본인이 부담을 해야 합니다. 지붕의 크기에 따라서 다르지만 $15,000에서 $25,000(약 2,000만 원에서 3,000만 원, 환율 1,300원 기준) 정도가 필요한데, 한 번에 일시불로 내기에는 너무나 큰 금액입니다. 그래도 많은 지붕 수리업체들이 할부 프로그램을 제공하는데, 요즘 같은 고이자율의 시대에는 할부 이율이 10%에 가까워서, 그냥 지붕이 새지 않기만을 바라야 합니다.

에어컨(한국과는 다르게 벽걸이 형식이 아니고 중앙 냉방식.) 역시 예상 수명은 15년~20년 정도에 교체비용만 $13,000(약 1,700만 원) 정도이며, 따뜻한 물을 만드는 온수기 역시 비슷한 가격입니다. 그래서 미국에서 집을 구매하실 때에는, 집이 지어진 연도를 고려하고 예전에 거주하던 주인이 해당 물품을 이미 교체하였는지 유심히 살펴보시는 것이 좋습니다.

콘도(Condominium)는 한국의 아파트와 동일한 개념이라고 생각을 하시면 됩니다. 부지 위에 올려진 다세대 건축물이고, 해당 세대에 대한 소유권은 가질 수가 있지만 건물이 지어진 부지에 대한 소유권은 가질 수가 없도록 되어 있습니다. 한국의 아파트처럼 층간 소음이 있을 수도 있고, 이웃과의 트러블이 있을 수도 있습니다. 그리고 당연히 입주민이 공동으로 사용하는 시설에 대해서 유지보수 비용을 내야 하는 것도 마찬가지입니다.

아파트(Apartment)는 한국에서의 아파트와는 다르게 각각의 세대를 개인이 소유할 수는 없으며, 월세를 내면서 거주를 하는 방식입니다. 많은 경우에 최소 1년부터 월세 계약을 하도록 되어 있고, 중간에 계약을 파기하고 이사를 가야 할 때는 2달~3달 치의 월세를 계약 미이행에 따른 벌금(?) 성격으로 지불해야 합니다. 그리고 아파트 단지마다 다르지만 입주민의 범죄기록을 조회하여 중범죄(강간, 살인 등) 기록이 있는 사람은 아예 입주를 거부하기도 합니다. 또한 고급을 지향하는 아파트들은 자체 헬스장과 수영장 등 편의시설을 갖추기도 하지만 비용은 당연히 월세에 포함되어 입주자가 부담하도록 되어있습니다.

주택 융자를 받으려면?

주택 구입과 관련해서 은행 대출을 받으려면 우선 우수한 신용기록, 적정한 수준의 고정 수입, 그리고 최소 2년간의 고용기록/재직증명서, 다운 페이먼트(선금) 등이 필요합니다. 이를 가지고 은행에 방문해서 대출을 받고 싶다고 이야기를 하면, 아주 친절하게 설명해줍니다. 주택 구매를 위한 대출은 대개 15년 만기, 30년 만기, 이 2가지가 대표적이며 그리고 각 만기에 따라 고정금리와 변동금리의 선택이 가능합니다만, 현 정권에서는 50년짜리 만기 대출도 추가하겠다는 말도 나오고 있습니다.

매월 은행에 내야 하는 금액을 줄이기 위해서는 당연히 대출받는 금액을 낮추는 것이 가장 좋습니다. 한국에서는 담보인정비율(LTV)에 따라서 자기가 부담해야 하는 금액이 정해집니다만, 미국에서는 자기 부담 금액이 최소 5%에서 시작하기 때문에, 초기에 자금을 많이 모으지 못한 신혼부부들에게도 집을 쉽게 구매할 수 있다는 큰 장점이 있습니다. 하지만 자기 부담 금액이 구매를 원하는 집값의 20%를 넘지 않으면 Private Mortgage Insurance(주택 담보대출 보증 보험)라는 비용을 추가 납부해야 합니다. 이 PMI는 지속적인 원금과 이자의 상환을 통해서 원금이 집값의 20%를 넘어서는 순간부터는 더 이상 내지 않아도 됩니다.

30년 만기 고정금리의 상품은 매달 같은 금액을 30년 동안 납부하여 모든 이자와 원금을 상환하는 것입니다. 여기서 거의 모든 금융기관들은 상품 초기에 최대한 많은 이자를 먼저 상환하도록 설계를 합니다.

그래서 대출을 최대한 빨리 상환하시려면 매월 내는 금액 외에도 어느 정도의 목돈이 생길 때마다 원금을 추가로 상환하시는 것이 큰 도움이 됩니다. 대개 미국에서의 세금 정산이 끝나고, 많은 미국인들이 환급받는 세금을 대출의 조기상환에 투자합니다.

하지만 고려를 하셔야 할 것이, 주택을 구매하실 때 '내가 여기서 얼마나 오래 거주할 것인가?'를 생각해 보셔야 한다는 것입니다. 만약에 매 5~6년마다 이사를 다녀야 하고, 기존의 집을 팔고 새로운 곳에서 또 집을 사실 생각이라면, 은행 이자만 주구장창 내고 원금의 상환에는 별로 도움이 되지 않는다는 것을 아셨으면 좋겠습니다. 하지만 부동산 경기가 매우 뜨거운 지역이라 매년 약 10% 이상의 가격 상승률을 보여준다면 짧게 2~3년 거주하시다가 이사를 하셔도 무방합니다.

미국에서는 2년 이상 거주한 집을 파는 경우, 시세 차익에 대한 세금이 없습니다. 세금 보고를 미혼으로 하시는 경우에는 $250,000까지 시세 차익에 대한 면세이며, 결혼하여 부부가 함께 세금 보고를 하는 경우에는 최대 $500,000까지 면세가 됩니다. 집값이 거의 안 올라가는 일리노이 시골 동네에 살고 있는 저로서는 그야말로 언감생심(焉敢生心)입니다.

영어 공부는 어떻게?

저는 한국에서 태어나고 자랐으며 모든 정규교육과 고등교육을 받았고, 미국에는 만 30세가 다 되어서 이민을 왔기 때문에, 영어로 의사소통을 하는 데 있어서 생각보다 많은 어려움을 겪었습니다. 사실 미국에 오기 전까지는 개인적으로 영어를 꽤 잘한다고 생각했었습니다. 흔히 말하는 토익도 930점 이상에 토플도 105점 전후로 나왔고 특히 배우자가 미국인이었기 때문에, 정말 나름대로 자신이 있었습니다. 그리고 미국에나 영어권에 여행을 갔을 때도, 의사소통에 큰 문제가 없었기 때문에 더더욱 착각 속에 빠져 있었는지도 모릅니다.

하지만, 이 자신감은 제가 영주비자(IR-1)을 발급받고 미국에 처음 landing한 이후에 산산이 부서지고 말았습니다. 배우자가 미국인이라고 해도, 한국인 남편을 위해서 발음도 좀 또박또박 해주고 쉬운 표현을 사용해서 배려를 해준 걸 모르고 겉멋이 잔뜩 들었던 것입니다. 배가 고파 맥도날드에 들어가서 주문을 하는데, 주문을 받는 종업원이 흑인이었고, 흑인 특유의 억양으로 저에게 말을 하는데, 순간 어안이 벙벙해졌습니다. 제가 흔하게 듣던 제 배우자의 억양도 아니었고, 미국 주요 방송에서 말하는 표준 억양도 아니었기에, 더더욱 어려웠습니다.

물론 맥도날드에서 물어보는 것은 뻔합니다. "뭐 주문할래?", "여기서 먹고 갈래? 아니면 포장할래?" 등이 전부입니다. 제가 고생했던 부분은 바로 단순하게 "Here or To go?"(여기서 먹을래 아니면 포장해 갈래?)에 대한 답변을 하는 것이었는데, 왜 그렇게 잘 안 들리던지 식은땀이 줄줄 났습니다. 3번을 다시 물어보니, 직원이 기가 찬다는 표정으로 아주 또박또박 말을 해줘서야 간신히 알아들었고 이때, 저의 자신감(?)이 처참하게 부서졌습니다. 사실 이때만이 아니라, 미국 생활 초기에는 정말로 영어에 대한 자괴감만 늘어갔습니다. 취업을 하기 위해서 일자리를 지원하기 시작하면서, 전화 면접, 대면 면접 등 다양한 상황과 다양한 인종이 사용하는 영어에 노출이 되면서부터, "내가 영어를 못하는 것인가?"라는 생각이 머릿속에 계속 맴돌았습니다.

한국의 경우에는 서류심사를 통과하면 인적성검사를 보고 나서 면접을 하지만, 미국에서는 서류심사를 통과하면 약 30분간 리크루터와 전화 면접을 봅니다. 이때 다양한 인종들을 만날 수 있고, 다양한 이민자들 역시 만날 수가 있습니다. 어떤 때는 면접관이 미국인이지만, 어떤 때에는 인도계일 수도 있고, 중국계일 수도 있고, 아랍계일 수도 있습니다. 모두들 영어를 구사하지만, 억양과 발음이 천차만별이라서 한국에서 '표준 영어'만 접한 경우에는 어느 정도의 적응 기간이 필요할 수가 있습니다.

한국에서는 쉽게 접하기 어려운 특정 지역, 특정 인종의 영어를 면접 중에 듣게 되면 정말 식은땀이 줄줄 나고 눈앞이 캄캄해집니다.

왜냐하면 어떻게든 좋은 인상을 남겨야 하는데, 질문을 못 알아듣겠고, Can you say one more time?(다시 한번 말해 주시겠어요?)를 남발하면 그 면접은 바로 끝이기 때문입니다.

Business English

Business English는 아무래도 일상생활에서 사용 표현과는 좀 다른 면이 있습니다. 표현이 좀 더 제한적이고, 전문적이며, 회화와는 다른 뜻을 가지는 경우도 흔히 있고, 직설적이기보다는 에둘러 말하는, 정치적인 성격을 가지고도 있어서 단어와 표현을 사용함에 있어서 주의해야 합니다.

예를 들어서, 이번 결정으로 인해서 프로젝트에 추가 비용이 발생할 수 있습니다. 라는 내용을 영어로 표현해본다면,

"There can be additional cost to the project due to this decision." 이렇게 표현을 할 수도 있지만,

"The decision may incur additional expense to the project." 라고 조금 더 다르게 말을 할 수도 있습니다.

한국에서 흔히 말하는 '아 다르고 어 다르다.'라는 말이 딱 들어맞는 경우가 됩니다만 좀 더 Business 적인 상황에 적합한 표현이기 때문에, 더 효율적일 수가 있다는 것이 핵심입니다.

그러면 비즈니스 영어를 배워보려면 어떻게 해야 할까요? 비즈니스 영어는 그냥 일반적인 학원에서 배울 수 있는 표현이 아니라서 혼자서 열심히 자료를 찾아보고 연습하는 수고를 들여야 합니다. 인터넷에 존재하는 수많은 유튜브 동영상을 보면서 공부를 할 수도 있고,

아예 비즈니스 영어 표현에 대한 책을 읽거나, 혼자서 연습을 하는 수밖에 없습니다. 대신에 하나 아셔야 할 것은 **무조건 원어민이 만든 동영상, 영어로 된 책, 영어로 된 자료'**만 봐야 한다는 것입니다.

영어로 된 책만 보고, 넷플릭스나 디즈니에서 영화를 보더라도 한국어 자막이나 더빙은 무조건 끈 채로 시청을 하고, 영어로 된 대화를 가능하면 많이 하도록 하는 게 좋습니다. 물론 저의 경우에는 미국인 아내가 있기 때문에, 오히려 더 쉽게 영어에 몰입을 할 수 있었지만, 한국인 부부이시라면 별도의 노력이 필요 할 것이라고 생각합니다.

하지만 반대로 한국인 부부이시라면 자녀에게 한국어 교육을 하는 데는 정말 최적인 조건입니다. 부모님 모두 자녀에게 집에서는 한국어, 밖에서는 영어로 이야기를 하면 아이가 2개 국어를 자연스럽게 배워가기 때문에 한국어를 교육하는 입장에서는 좋고, 오히려 제가 자녀들에게 한국어를 교육하는데 어려움을 겪고 있습니다. 아무래도 한국어를 사용하는 사람이 저 혼자라서, 아이들이 한국어에 노출되는 시간이 압도적으로 적어서 그런지, 아이들의 한국어 실력이 쉽사리 늘지 않아서 좀 속상할 때가 있을 정도입니다.

발음과 억양

제가 상당히 어려워했고 지금도 어려워하는 것 중의 하나가 바로 억양이었습니다. 억양과 발음은 대개 한 세트로 같이 다니는데, 억양은 정확하지 않으면 거의 99% 발음도 좋지가 않아서 상대방이 무슨 말을 하는지 이해가 하기가 상당히 어렵습니다. 그리고 잘못 들었다고 물어보는 것도 한두 번이지 계속 물어보면 상대방도 짜증을 내기 때문에, 더더욱 쉽지가 않습니다.

발음과 억양 관련해서는 저도 초기에는 많은 실수를 했었고 지금은 웃고 넘어가지만 그 당시에는 얼굴이 뜨거워지는 것도 많았습니다.

예를 들어서

콜라(Coke)의 경우에는 코오크 정도로 발음을 하면 되지만, 잘못해서 칵으로 발음을 하면, 남자의 성기인 cock을 의미하게 됩니다.

만약에 식당에 가서서, 웨이트리스가 "What would you like to drink?"(음료는 어떻게 하시겠습니까?) 라고 불어보는데, Coke(코오크)를 잘못 발음해서 Cock(칵 – 남성의 성기)으로 말을 하며 흠칫 놀라면서, '이 자식이 장난하나?'라는 표정으로 한번 쳐다볼 겁니다.

차라리 아예 Coca-Cola(코카콜라) 또는 Pepsi(펩시)라고 말씀을 하시는 게, 사소한 오해를 피하는 데 큰 도움이 됩니다.

제가 특별히 주의했던 단어들을 여기에 예로 좀 나열을 해보자면, 다음과 같습니다.

Beach (해변) – Bitch (X년)

Sheet (종이) – Shit (똥)

Fact (사실) – Fucked (X됨)

As (-로서/전치사) - Ass (엉덩이/항문)

Dam (물을 가두어 두는 댐) - Damn (젠장)

Dick (남자 이름) - Dick (남자 성기 또는 재수 없는 사람)

Leak (물이 새다) - Lick (핥다)

Leave (떠나다) - Live (살다)

영어에서는 Long Vowel/Short Vowel이라고 해서 모음을 길게 발음하느냐 짧게 발음하느냐에 따라서 뜻이 완전히 달라지는 단어들이 꽤나 많습니다. 한국어로 치면 '개'와 '게'의 발음 차이라고 할 수 있겠습니다.

아무래도 영주권자일 때는 외국인이라는 메리트로 언어적으로 실수가 있어도 상대방에서 이해를 하고 넘어갔으나 시민권자가 되고, 영어 이름을 사용하게 되면 언어에 대한 잣대가 더욱 엄격해지는 것이 느껴지고, 이에 대한 스트레스도 점점 커지는 것 같습니다.

하지만 아직까지도 발음과 억양은 어렵습니다. 제 나름대로는 잘 발음한다고 생각하는데, 간혹 가다 동료들이 못 알아들은 표정을 지으면서 다시 물어보면, 자신감이 갑자기 뚝 떨어집니다. 물론 이제는 미국 생활도 9년을 넘어가는 만큼, 어느 정도 개선이 되었다고 생각하지만, 공적인 자리에서 여러 명과 토론을 하거나 저의 주장을 관철시켜야 하는 경우에는 항상 긴장이 되는 것은 어쩔 수가 없습니다.

Writing

대외 업무를 하면서 고객과 소통을 하든 아니면 회사 내부에서 의사소통을 하면서 점점 중요해지는 것은 글쓰기와 Presentation입니다. 회사의 모든 윗사람들은 대부분 그렇지만, 굉장히 바쁩니다. 책임지는 범위와 조직이 커지는 만큼 해야 할 일도 많아지기 때문에, 하나의 주제에 많은 시간을 소모할 수가 없습니다. 그래서 흔히 말하는 Elevator Pitch, 즉, 약 1분 이내의 짧고 아주 간결하면서 핵심을 파고드는 보고를 선호합니다.

그리고 바로 여기에서 문제가 발생합니다. 한국에서 한국어로 교육받고 자란 1세대 이민자로서는 핵심을 관통하면서도 설득력을 가지고 간결하게 보고서, 이메일, 그리고 Presentation을 작성하는 능력을 갖추는 것이 상당히 어려운 것이 사실입니다.

미국에서 대학교나 대학원을 나오신 분들의 경우에는 아무래도 영어로 글 쓰는 것에 상대적으로 더 익숙하겠지만, 한국에서 모든 교육과정을 마친 경우에는 영어 글쓰기에 준비가 되지 않았기 때문에 조금 더 버거울 수가 있습니다. 물론 한국은 영어를 상시 사용하는 나라가 아니기 때문에 제2외국어인 영어의 글쓰기까지는 교육과정에서 많은 신경을 쓰지 않는 것이 당연합니다. 다만, 이민자의 입장에서는 영어 글쓰기를 한국의 대학과정에서라도 배울 수가 있었으면 하는 바람을 언급하는 것뿐입니다.

저의 경우에는 직장생활을 하면서 글쓰기의 중요함을 뼈저리게 느꼈습니다. 직장생활을 하면서 직속 상사, 동료들 그리고 고위 관계자(Leadership)으로부터 문법과 어휘에 더 신경을 쓰라는 Feedback을 받은 적이 있는데, 기분이 좋지도 않았고 창피했습니다. 왜냐하면 그 Feedback이 전체 수신(Reply to All)로 해서 발신되었기 때문에 수신, 참조까지 합쳐서 약 20명 가까이 포함되어 있었는데, 많은 사람 앞에서 개망신을 당한 것이어서 우울해서 한동안 업무 의욕을 상실하기도 했었습니다.

지금은 Master of Business Administration(MBA)를 수강하면서 강제로 영어로 레포트를 자주 작성하게 되었기에, 조금 더 나아졌다고 할 수 있습니다. 물론 공식적인 목적에 맞게 Formal Expression을 사용해서 보고서를 작성하는 것은 아직도 부담감을 느끼고 작성 후에 수십 번 문법과 표현을 재확인(Proof Reading)하고 발송을 하는 것이 현실입니다. 특히나 고위 경영진(Senior Leadership) 또는 회사 내부에 광범위하게 공유되는 자료, 문건을 작성할 때는 5번~10번까지도 추가로 읽어보고 검토를 한 뒤에 제출을 하는 것이 습관이 되어 버렸습니다.

여기에 추가로 제가 굉장히 조심하는 것이 뭐냐 하면, 바로 자연스럽지 않은 영어 표현인데, 이는 쉽게 교정이 되는 것이 아니고, 시간도 많이 걸리는 영역이라 아직도 많이 어렵습니다.

한국어를 예로 들면, 다음과 같은 것입니다.

> 한국 사람 입장에서는 외국인이 한국어를 하면 잘 알아듣습니다. 간혹 가다가 억양이 거의 없이 정말 자연스러운 한국어를 구사하는 외국인을 만날 때가 있지만, 그 사람이 구사하는

표현이 한국 사람 입장에서는 '말은 되지만, 자연스럽지는 않다.'라는 생각이 들 때가 있을 겁니다.

우리가 흔히 친한 친구를 만나면, "밥 먹었어?" 라고 인사를 대신하는 경우가 있는데, 이 대신에 "식사 먹었어?" 라고 물어본다면, 아마도 순간적으로 당황하게 될 겁니다. 물론 말은 알아들었지만, '아, 이 사람은 언어가 좀 완벽하지 않구나.'라는 인식을 주면서 불필요한 고정관념을 주게 됩니다.

여기서 하고자 하는 말은, 억양이나 발음은 원어민에 가깝게 교정이 될 수 있지만, 사용하는 표현은 '어? 좀 어색한데?'라는 생각이 들게 되면, Business 측면에서 아무래도 감점요소가 된다는 것을 말씀드리고 싶은 것입니다.

의료보험

미국에는 공공 의료보험이 없는 것으로 알고 계신데, 정확하게 이야기하면 중산층을 위한 국가 의료보험이 없고, 저소득층과 노년층을 위한 국가 의료보험은 있습니다.

저소득층을 위한 의료보험은 Medicaid(메디케이드)라고 불리며 연방정부와 주 정부에서 동시에 보조하여 유지가 되는 건강보험입니다. 저소득층을 위한 의료보험이라고 해서 안 좋을 것 같지만, 모든 게 공짜인 최고의 의료보험입니다. 여러 가지 기준이 있지만, 그중에 한 가지는 가족의 구성원 수 기준으로 연방의 최저소득 미만인 경우에 혜택을 받을 수 있습니다. 또한 몇몇 주에서는 국적, 법적 지위(영주권, 불법체류자 등)에 상관없이 혜택을 부여하기도 하는데, 현 정부에서는 연방정부 보조금이 불법체류자에게 사용되지 못하게 하려고 시도하고 있기도 합니다. 미국에 이민을 오신 분들, 특히 영주권자는 메디케이드를 사용하심에 있어서 주의를 하실 필요가 있습니다. 미국 영주권을 신청하실 때, 미국에서의 공공보조를 받지 않는다고 이미 서약을 한 상태이기 때문에, 메디케이드를 사용한다면 미국 정부에서 사용 금액에 대해서 100% 환불을 요구할 수도 있고 추후 시민권 신청에 문제가 될 가능성도 있습니다.

　　노년층을 위한 의료보험은 Medicare(메디케어)라고 불리며, 100%
연방정부의 기금으로 운영이 됩니다. 만 65세 이상부터 사용이 가능
하고, 장애가 있거나 특정 조건을 만족하면 65세 이전에도 사용이
가능하도록 설계되어 있습니다. 메디케이드가 완전한 무료인 것과 달
리 메디케어는 매달 일정액을 의료보험비로 납부를 해야 합니다.

　　그리고 저소득층과 노년층에 해당하지 않는 대다수의 미국인들은
값비싼 사립 의료보험에 의존을 해야 합니다. 사립 의료보험의 살인
적인 비용을 고려할 때, 가장 쉽게 의료보험을 받을 수 있는 방법은
회사에 취직을 하는 것입니다. 거의 모든 미국 회사에서 피고용자에
게 의료보험을 제공하고 있기 때문에, 이를 사용하는 것이 가장 보
편적입니다.

　　하지만 가장 쉽다고 해서, 가격이 싸다는 말은 아닙니다. 회사마다
다르지만, 의료보험에 매달 공제되는 비용이 상당합니다. 저의 경우
에는 회사에서 보조해주는 금액을 제외하고서 한 달에 약 $800을 5
인 가족의 의료보험으로 지출하고 있습니다. 한국에서 거주하던 당
시에 제가 지출하던 비용 약 20만 원과 비교하면, 정말 하늘과 땅
차이입니다.

　　미국의 의료보험은 크게 PPO(Preferred Provider Organization)와
HMO(Health Maintenance Organization)으로 나누어집니다. PPO
는 한국에서와 같이 본인이 보고 싶은 의사와 진료과목을 선택할 수
있는 플랜이지만, HMO에 대비해서 가격이 좀 더 비쌉니다. HMO는
가격이 좀 더 저렴하지만 모든 것을 주치의를 통해서만 할 수 있습니
다. 예를 들어서, 누가 봐도 팔이 부러졌는데, 정형외과 의사에게 바

로 가지 못하고 본인의 주치의인 내과 또는 소아과 의사가 진료의뢰를 해주어야만 정형외과 전문의를 볼 수 있는 식입니다.

미국의 의료보험을 이해하기 위해서는 추가로 몇 가지 용어를 더 알아야 합니다. Deductible 그리고 Maximum Out of Pocket이 두 가지가 가장 중요한데, Deductible은 의료보험이 커버를 시작하기 전까지 본인이 부담해야 하는 금액입니다. 그리고 Maximum Out of Pocket은 의료에 사용하는 비용의 연간 최대 지불한도를 말합니다.

대부분의 미국인들은 의료보험을 직장을 통해서 받게 되는데, 많은 회사들은 일반적으로 PPO, 그리고 추가로 보장범위에 대한 차이를 두면서 2~3가지 옵션을 제공하는데 이 중에 1가지를 선택해야 합니다. 그리고 아래의 표는 제가 재직했던 한 회사의 의료보험 플랜을 예로 보여드리는 것입니다.

	플래티넘	골드	실버
Deductible	$1,000	$3,400	$5,600
Maximum Out of Pocket	$2,500	$4,800	$9,800
2주마다 월급에서 차감 되는 의료보험비	$800	$400	$250

저의 경우를 예로 들어서 설명해보자면,

제가 현재 사용하는 의료보험의 Deductible은 $3,400이고, 이를 넘어서면 대부분 보험에서 80%~90% 정도를 커버해주고 나머지 차액을 제가 지불하게 되어 있습니다. 그리고 매년 1월 1일에 이 디덕터블이 리셋이 됩니다.

예를 들어서 1월 15일에 제 아이가 감기에 걸려서 소아과 의사를 보았습니다. 그리고 소아과 의사는 비용으로 $250을 청구하였으나, 보험사와 이미 협의된 요율을 적용해서 소아과는 저에게 $200만 청구하도록 합니다. 아직 디덕터블이 그대로 $3,400이기 때문에 저는 청구된 금액 $200을 그대로 지불하고, 이제 디덕터블은 $3,200로 줄어듭니다. 또 다음에 의사를 보고 나서, 금액을 지불하면서 디덕터블을 채워나가는 방식이 되겠습니다.

이런 식으로 본인이 부담한 금액이 설정된 디덕터블 $3,400을 넘어서면, 이제부터는 보험사에서 보험 혜택을 적용하기 시작합니다.

디덕터블을 넘어선 8월에 다시 한 번 소아과 의사를 보았는데, 이번에는 협의된 요율이 적용된 청구 금액 $200 중에서 보험사가 $180을 내어주고, 저는 $20만 지불하는 것입니다. 그리고 제가 지금까지 지불한 디덕터블 $3,400과 오늘 추가로 지불한 $20까지 해서 제 주머니에서 나간 돈(Out of Pocket)이 $3,420이 됩니다.

그리고 제가 발목을 삐끗해 정형외과 의사를 봤는데, 인대 손상이 의심된다면서 MRI를 찍고 발에 깁스를 하는 데에 총 $2,000을 지출하여야 하는데, 저의 Maximum Out of Pocket이 $4,800이어서 이를 초과하는 금액 $620은 지불하지 않아도 되는 것입니다. 그리고 이미 Maximum Out of Pocket을 넘었기 때문에 해당 연도에 추가로 발생하는 모든 의료금액은 공짜가 됩니다.

미국의 의료보험에 대해서 한국에서 굉장히 비판이 많은 것으로 알고 있는데, 중병을 앓는 경우에는 오히려 미국 의료보험의 장점이 상당합니다. 예를 들어서 가족 구성원이 건강상의 이유로 커다란 수술을 받아야 하는데, 한국 의료보험은 의료비 지출 상한이 존재하지 않기 때문에, 의료행위에 대해서 금액을 무제한으로 책임지게 되어 있습니다. 하지만 미국 의료보험이 있다면 Maximum Out Of Pocket까지만 지불하면 되기 때문에 의료비로 인한 가계 부담을 상당히 줄여주는 효과가 있습니다. 가장 좋은 것은 항상 건강을 챙기는 것이지만, 이게 말처럼 쉬운 일은 아닙니다. 또한 이때에 HSA 계좌가 있다면, 소득세를 아끼면서 불입한 돈을 의료비로 사용할 수 있는 일석이조의 효과까지 가질 수가 있습니다(Health Saving Account는 High Deductible Health Plan에서만 허용되는 의료비 전용 계좌를 말하는데, 비과세 계좌인 만큼 세금 절감 효과까지 있어서 굉장히 중요합니다).

결국은 본인과 가족의 의료상황에 맞추어서 어떤 플랜이 가장 도움이 될지 생각해보고 정하는 것이 중요합니다. 어린 자녀들이 있는 경우에는 무조건 1년에 한두 번 정도 응급실 신세를 지기 때문에, 천문학적인 비용을 생각해서라도 어느 정도 보장범위가 좋은 플랜을 선택하는 것이 현명하다고 생각합니다. 그리고 본인이나 가족 중에 만성 질병(당뇨, 혈압 등)을 가지고 계신 분이 있어서, 좀 더 잦은 병원 방문이 예상된다고 하면 이에 맞추어서 적합한 플랜을 고르셔야 합니다.

미국에서의 의료보험도 Preventive Care(예방적 관리)의 중요성을 이해하고 있기 때문에 어느 정도의 건강검진과 예방접종을 무료로 지원합니다. 아이들의 경우에는 필수 접종과 매년 독감 예방접종, 그리고 기본적인 피검사, 소변 검사 등이 포함됩니다. 한국에서처럼 위/대장내시경, CT, MRI 등이 망라된 고급스러운 건강검진이 아니지만, 그래도 기본적인 건강 상태를 알아보기 위한 목적으로는 충분하다고 생각합니다.

그리고 제가 생각하는 미국 의료체계의 장점이라면 의사와 상당히 심도 있는 대화가 가능하다는 것입니다. 한국에서의 의료행위는 약 5분을 넘기지 않는 것이 일반적입니다. 밖에서 기다리다가 이름을 부르면 진료실에 들어가서 앉자마자 증상을 설명하고, 의사는 이를 바탕으로 초고속 진단을 내려서 약을 처방합니다. 반대로 미국에서는 의사와 상담을 할 때 최소 15분에서 30분 정도 건강 상태, 식습관, 그 밖에 염려되는 모든 것 등에 대해서 전반적으로 이야기를 하며, 의사가 나를 진짜로 신경 써준다는 느낌을 받습니다. 한국처럼 항상 의사를 쉽게, 당일에도 볼 수 있는 시스템은 아니지만 반대로 의사가 진짜로 내 건강 상태에 대한 모든 것을 아는 주치의라는 데에 큰 점수를 매겨주고 싶습니다.

세금 보고

한국에서는 연말정산 자료를 회사에서 만들어주고, 여기에 본인이 추가로 세액 공제를 받을 것이 있으면 추가해서 받으면 됩니다. 추가로 세액 공제할 것이 없다면 연말정산 자료가 그냥 국세청에 전달되고 여기서 세금을 더 낼 것이 있으면, 더 내고, 아니면 환급받는 식이 됩니다.

미국에서의 세금 보고 기한은 다음 해 4월 15일이며, 개인이 직접 또는 회계사/세무사를 고용하여 미국 국세청에 세금 보고를 하여야 합니다. 미국의 고용주는 피고용자에게 W-2라는 소득 증빙을 매년 초에 발행해주며, 여기에는 미국의 기본 공제/ 세금 내역이 포함되어 있습니다.

- 연방 소득세
- 주 소득세(주 소득세가 없는 곳에 거주하면, 주 소득세는 없음)
  - 현재 9개의 주에서 주 소득세를 물리지 않습니다.
  - 알래스카/텍사스/플로리다/테네/네바다/와이오밍/ 사우스 다코다/뉴 햄프셔/워싱턴 (출처: Investopedia. com)
- 소셜 시큐리티 (미국의 연금)

- 메디케어(미국의 노년층에게 제공되는 국가 의료보험)

여기에 기부금액이 별도로 있거나, 주식 거래로 인한 수익, 부동산 월세 등 기본 수입에 추가할 것이 있다면, 이 또한 해당 연도의 세금 보고에 포함해야 합니다.

사람마다 다르지만, 세금 보고를 세금 보고 프로그램(터보택스, H&R Block 등)을 통해서 개인이 혼자서 할 수도 있지만, 아니면 직접 회계사를 고용할 수도 있습니다. 저도 미국 생활 초창기에는 회계사를 통해서 진행을 했었는데, 대략 $300 ~$500 정도 지불해야 하는 것이 큰 단점이었습니다. 대신에 본인이 직접 하면, 프로그램을 구매하는 비용($50~$90)이 전부이지만, 본인이 열심히 공제 항목과 수입 등 모든 항목을 채워야 한다는 것, 즉 본인 노동이 들어간다는 점이 다릅니다. 세금 관련이라고 해서 막연하게 어렵게 생각하시는 분들이 있는데, 직접 해보기 시작하면 그렇게 어렵지만도 않습니다. 물론 처음에야 낯설고 잘 모르기 때문에, 시간이 좀 오래 걸릴 수는 있지만 그래도 아주 불가능할 정도로 어렵지는 않습니다. 수많은 미국인들이 세금 보고 프로그램을 이용해서 스스로 세금 보고를 하고 있으니, 너무 걱정하지 않으셨으면 합니다.

대신에 한국에서 사업을 하시거나, 임대소득, 금융 소득이 발생하는 분들은 프로그램을 사용해서 혼자 하는 데에 어려움이 있을 수 있으니, 회계사/세무사를 고용하시는 것이 나을 수도 있습니다. 구매가 가능한 상용 프로그램들은 대개 미국 내에서의 수입만을 고려하도록 되어 있기 때문에, 국외수입이 존재한다면 괜히 미국 국세청 감

사에 걸려서 고생하는 것보다, 안전하게 전문가를 찾으시는 게 훨씬
낫습니다.

지인과의 관계

　　해외생활을 하다 보면, 아무래도 한국에 계신 부모님을 비롯해 같이 태어나고 자란 형제, 자매들과 충분한 시간을 같이 보내기가 어렵습니다. 직항으로 오고 간다고 하더라도 14시간이 걸리는 긴 거리는 상당한 어려움으로 작용을 하고 점점 나이가 드시는 제 부모님께 장거리 비행을 하시라고 말씀을 드리는 것도 속상하고, 쉽지 않습니다.

　이제는 아이들이 학교를 다녀서 항공권이 가장 비싼 성수기를 제외하고는 한국 방문을 하기도 쉽지 않고, 여기에 만 2살 되어가는 막내아들이 새로 태어나서 장거리 여행을 결정하는 것이 더더욱 어렵습니다.

　5인 가족이 성수기에 한국으로 여행을 가기 위해서는 직항의 경우 대략 1인당 $2,500 정도의 비용이 지출되어야 하므로 비행기 값으로만 $12,500(환율 1,300원 기준으로, 1,625만 원)이 필요해집니다. 여기에 한국에서 머무는 동안 사용하는 식비, 숙박비, 건강검진 비용 등을 모두 합치면 2천만 원을 훌쩍 넘어갑니다. 하지만 이런 내용은 한국에 있는 가족들에게 쉽게 꺼낼 수 있는 말이 아닙니다. 한국의 가족들은 ″그동안 자주 보지도 못했고, 기껏해야 1년 아니면 2년에 한

번씩 오는데, 그 정도도 못 쓰냐?" 또는 "생색내냐?"라는 식으로 받아들 수도 있기 때문에, 그냥 벙어리 냉가슴 앓듯이 아무 말도 하지 않고 넘어갈 때도 많습니다.

반대로 한국에 있는 제 형제들은 멀리 살고 있는 제가 부모님에 대한 마땅한 도리를 다 하지 않는다고 생각하는 면이 있어서, 간혹 가다가 서로 아쉬운 소리를 할 때도 생기고 감정이 상하기도 하고 합니다. 제 입장에서는 큰돈 들여서 오는 건데, 아쉬운 소리를 들으면 무척 속이 상합니다. 이럴 때면, 정말 자괴감이 들면서, 내가 무엇 때문에 먼 타향에서 무슨 부귀영화를 보겠다고 이렇게 살고 있나 라는 생각이 맴돕니다. 특히나 부모님이 손주들을 보면서 즐거워하시는 것을 보고, 또한 점점 나이가 들어가시는 모습을 보면, 그냥 다시 한국에 들어가서 살까 하는 생각이 목구멍까지 올라오기도 합니다만, 생활 터전을 한나라에서 다른 나라로 옮기는 것이 보통 일이 아닌지라 항상 생각에서 멈추게 됩니다. 그나마 아직까지 부모님이 정정하시고 건강하시다는 것에 감사함을 느끼면서 최대한 자주 영상통화를 하려고 하지만, 영상통화는 영상통화일 뿐입니다. 같이 만나서 부모님과 식사를 자주 하고 시간을 보내고 싶은 마음이 항상 굴뚝같습니다.

그리고 친했던 친구들과도 점점 거리감이 느껴지는 것 역시, 한국을 방문할 때마다 느끼는 가슴 아픈 점입니다. 한국에 올 때마다 최대한 서로 시간을 맞추어 보려고 하지만, 이제는 모두 가정이 있다보니 쉽지 않습니다. 그리고 서로의 관심사가 달라지고, 살아가는 방식과 가치관이 달려져서 그런지, 이제는 예전만큼의 친밀감을 가지는 것이 녹록지 않습니다. 아무래도 서로 나이가 들면서 누구나 겪는 아쉬운 점인 것 같습니다.

　이제는 몇몇 극소수의 친구들만 남아서 같이 시간을 보내고 소중한 인연을 이어가고 있지만 대부분의 친구들은 연락이 점점 띄엄띄엄, 가물가물해지는 것이 제가 한국에서 잊히고 있다는 것을 증명하는 것 같아서 상당히 슬픕니다. 저희가 군대 가서 느끼는 감정, '아이 사회는 내가 없어도 잘 돌아가는구나.'라는 것과 동일할 것입니다.

제2장

미국 취업의 시작

　　미국에서는 한국처럼 대규모 신입 공채의 개념은 없지만, 인턴과 코옵(Co-Op)이라는 비슷한 제도를 대규모 공채처럼 진행을 합니다. 다만, 인턴과 코옵은 대학생들을 대상으로 하는 프로그램이고 이를 통해서 취업을 확정하는 학생들이 아주 많기에, 대학생 때 아무런 실습을 하지 않은 경우에는 취업하기에 상당히 힘들어지는 점이 있습니다. 미국에 있는 한국 유학생들의 경우에는 학생비자를 보유하고 있다 보니 영리활동인 인턴이나 코옵을 하는 것에 대해서 상당히 조심해야 하는 것도 사실입니다. 아무튼 미국에서 인턴/코옵을 하지 않고 학부나 대학원 졸업한 경우에는 취업문을 뚫는 것이 매우 어렵다고 보시면 될 것 같습니다.

　경력직으로 취직을 하시려는 경우에는 당연히 인턴이나 코옵이 필요하지 않습니다. 인턴이나 코옵 경력을 요구하는 것도 결국에는 회사 경력/경험이 있는지를 보는 것이기 때문에, 다른 회사에서 이미 경력을 쌓은 경력직에게는 인턴이나 코옵이 필요가 없습니다. 하지만 해외에서의 학력과 경력을 가진 경우에는 아무래도 증빙하기가 어렵고, 지원자의 수준을 쉽게 가늠하기가 어려워서 미국의 취업시장에서 알게 모르게 어려운 점이 많습니다.

신입직을 하려면

미국에서 대학교를 졸업하고 신입사원으로 입사하는 인재들을 보면 거의 대부분 대학교 재학 중에 이미 취업 오퍼를 받은 상태였습니다. 졸업하기 전에 취업 오퍼를 받으려면, 반드시 인턴이나 코옵이라는 대학생 대상 실습 프로그램을 진행하여야만 합니다. 그래서 한국에서 인턴 경험 없이 대학교를 졸업하고 미국으로 바로 와서, 특히 대기업에 신입사원으로 바로 취직하기는 정말 쉽지 않을 것이라고 제가 계속 강조하는 이유이기도 합니다. 또한 인턴이나 코옵을 했더라도, 대학교 졸업하기 전에 오퍼를 못 받았다면 또한 자기 자신의 경쟁력이 부족함을 반증하는 요소가 될 수도 있습니다.

Intern(인턴)

인턴은 대학생이나 대학원생 등이 일정 기간 동안 기업이나 공공기관에서 일하며 실무 경험을 쌓을 수 있는 제도를 말하는데, 인턴은 실제 업무를 통해 직무에 대한 이해와 기술을 배우면서 회사에 대해서 더 잘 알 수 있는 기회를 얻는 반면 기업은 직원을 미리 평가해 볼 수 있는 기회를 갖습니다. 대학생이 학기 중에 각 회사에 지원을 하고 면접 등의 과정을 거쳐서 합격을 하면, 여름방학 동안 약 10주 안팎으로 해서 해당 회사에서 일하는 경험을 쌓을 수가 있게 됩니다. 이게 바로 한국에서 말하는 스펙으로 연결이 됩니다.

미국은 땅덩어리가 큰 나라인 만큼, 인턴을 하기 위해서 동부에서 서부로, 서부에서 동부로 이동을 해야 할 수도 있습니다. 이때는 당연히, 인턴을 고용한 회사에서 이동 수단(항공편, 렌터카 등), 호텔이나 장기 숙박, 그리고 식비를 제공하여 인턴이 새로운 지역에 잘 적응할 수 있도록 돕습니다. 또한 혼자 덩그러니 인턴으로 출근하는 것이 아니라, 대개 4~5명 정도의 인턴 동기들이 같이 출근하기 때문에, 막상 아주 외롭거나 힘들어하지는 않는 것 같습니다.

인턴으로 근무하는 동안에는 직원으로서 정해진 시급을 받으며, 멘토가 배정되고(한국으로 치면 사수) 멘토의 업무지시에 따라서 주어진 업무를 수행하게 됩니다. 인턴의 기간은 대개 짧기 때문에, 어렵고 시간이 오래 걸리는 프로젝트보다는 해당 기간 내에 끝마칠 수 있는 업무를 주로 배정합니다. 그리고 아직 학부생인 인턴의 수준에 맞추어 실무자의 입장에서는 상대적으로 쉬우며 노동집약적인 업무를 많이 줍니다.

저는 주로 기계공학, 화학공학 출신들의 인턴을 많이 받아보았는데, 간단한 펌프 시스템을 개선할 수 있는 프로젝트나 열교환기 교체 프로젝트같이 대학교 3학년의 수준에서 살짝 버거울 수 있는 수준의 일을 주로 부여했었습니다. 아무리 공학을 전공하는 학생이라고 하더라도 학교에서 배우는 지식과 실무에서 필요한 지식에는 어느 정도 차이가 있기 때문에, 실무에서 필요한 관점과 시야를 익혀볼 수 있도록 많은 노력을 기울였습니다. 그리고 실무 경험이 전무한 인턴들이 대부분인 이상, 거의 매일같이 1:1 미팅을 30분 정도 하여, 업무가 잘 진행되고 있는지 Micro-Managing을 하였고 궁극적으로는 실무 경험과 엔지니어로서의 감각을 배울 수 있도록 기회를 제공했던 것 같습니다. 이 과정에서 인턴은 '이 회사가 앞으로 내가 일하고 싶은 곳인가?'에 대한 답을 얻을 수 있으며, 회사 입장에서는 추후 인력 수급을 쉽게 할 수 있도록 최대한 긍정적인 경험을 심어주려는 노력이 경주됩니다.

인턴들의 월급은 시급을 바탕으로 급여가 계산됩니다. 그렇기 때문에 인턴 기간 동안 많은 인턴들이 가능하면 회사에 오래 남아있고 싶어 합니다만, 멘토들은 어느 정도 인턴의 시급/예산을 관리해야 하는 입장이 있기 때문에, 적정한 선에서 융통성 있게 운용을 하도록 안내를 받습니다.

인턴의 인사평가는 대개 주어진 프로젝트들을 어떻게 수행하였는지, 결과보다는 주로 과정에 더 초점을 맞추는 편입니다. 어차피 실무진들이 자세하게 프로젝트를 관찰하고 검토하기 때문에, 결과가 잘못되는 일은 거의 없습니다. 다만 아무래도 대학생(2~3학년)이고 실무 경험이 없는 것을 감안하여, 인턴이 실무생활에 잘 적응할 수 있는지, 공부머리 보다는 일머리가 있는지, 예상치 못한 상황에서 어떻게 대처하는지를 더 중점적으로 평가합니다. 아무래도 수동적인 사람보다는 능동적이고, 배우려고 하며, 주변 동료들과 좋은 관계를 유지하려고 하는 모습을 보여주는 것에 결국에는 큰 도움이 됩니다. 물론, 엔지니어의 경우에는 기본적인 지식과 실력을 어느 정도 갖추어져 있다는 것 역시 보여줄 필요가 있습니다.

인턴의 기간이 끝나기 약 10일 정도 전에, 인턴의 멘토 또는 직속 상사가 보고서/평가서를 작성하여 회사의 인사 담당 부서와 미팅을 가집니다. 그리고 미팅을 통해서, 정규직 전환을 추천할 지, 다음 연도의 인턴 오퍼를 추천할지, 아니면 아예 아무런 오퍼도 주지 않을지를 결정합니다. 이 결정사항은 회사마다 다르겠지만, 저는 당사자 본인에게 인턴의 마지막 날에 통보를 해주었던 기억이 납니다.

Co-op(코옵)

코옵은 인턴보다는 조금 더 기간이 길며, 대개 한 한기 또는 학년을 통째로 기업에서 일을 하면서 보내면서 학점 인정을 받습니다. Full-Time 직원으로 대우를 받기에 대개 인턴보다는 더 체계적인 교육이 가능하면서도 평가 시에 요구하는 기대치가 상당히 높아지게 됩니다(한국으로 치면 정규직보다는 장기 계약직이나 수습직원의 느낌입니다). 인턴과 마찬가지로 지역에 따른 숙박, 식비, 이동 수단 등을 제공받으며 당연히 급여를 받으면서 일을 합니다.

코옵은 역시 면접 등 정식 선발 과정을 거쳐서 선발되며, 선발된 사원들은 적당한 수준의 신입사원 교육을 마치고 현업 실무부서에 바로 배치되어, 대개 부서장이나 부서 내에 경험 많은 직원의 관리·감독 하에 프로젝트를 진행합니다. 여기까지만 보면 인턴과 비슷하다고 생각을 할 수도 있지만 업무 기간이 긴 만큼 인턴보다는 더 어렵고, 시간도 오래 걸리는 프로젝트를 부여하여 이 사람의 잠재력과 적응력을 더 상세히 파악하려고 합니다. 코옵 초기에, 능력치 면에서는 아직은 인턴과 크게 다를 것이 없어서, 상세한 지도와 멘토링을 병행하지만, 업무 기간이 긴 만큼 실력도 꽤나 빨리 늘고 나중에는 서로 인간적으로 많이 친해지게 됩니다.

평가 방식은 인턴과 동일하며, 코옵의 경우에는 인사평가를 잘 받고 마지막 면접을 거치면 이제 Full Time Offer(정규직 전환 여부)가 주어지느냐 아니냐로 갈립니다. 정규직 전환이 결정되면, 지금까지 일하던 곳에서 계속 일하되, 연봉이 신입사원 수준으로 올라갑니다.

외국 학력/경력 소유의 단점?

우선 같은 영미권에서 학력이나 경력을 쌓으신 경우에는 학력과 경력을 비영어권에 비해서 상대적으로 쉽게 인정을 해주기 때문에, 경력을 더 잘 인정받을 수가 있습니다. 하지만 한국에서 학교를 다녔고, 경력을 쌓은 경우에는 초기 진입에 상당한 시간이 걸릴 수 있다는 것을 감안하셔야 할 것 같습니다.

그 이유로는 한국의 대학교가 미국에 많이 알려지지 않아서, 학교의 네임밸류에 따른 지원자의 수준을 가늠할 수가 없고, 마찬가지로 한국회사의 이름들이 많이 알려지지 않아서 지원자를 직접 만나서 면접을 보기 전까지는 이 사람의 경쟁력이 충분한지 아닌지를 알기가 쉽지 않기 때문입니다.

저를 예로 들어보면,

한국에서 졸업한 대학교가 아무리 우수한 대학교라고 하더라도, 미국에서는 한 번도 들어보지 못한 학교이기 때문에 일반 주립대만도 못한 취급을 받습니다. 한국에서도 마찬가지이지만, 미국에서도 졸업한 대학교가 대개 그 지원자의 수준과 실력을 일차적으로 말해줍니다. 그런데 이력서에 한 번도 못 들어본 한국에서의 대학교 학력과 경력이 있다?

채용하는 사람 입장에서는 '아예 그냥 거르자.'라고 생각을 할 수도 있습니다. 제 경우에는 운이 좋게도, '일단 인터뷰에 불러보자.'라는 주의였고, 면접에서 실력과 경력을 보여줄 수 있었기에 다행스럽게도 미국에서의 첫 직장, Fortune 50 이내의 대기업에 발을 디딜 수 있었습니다. 하지만 제 경력에 맞는 Engineer 2/3가 아닌 신입 Engineer 1으로 시작을 하여야 했습니다.

여기에는 우선 몇 가지 이유가 있겠지만, 제가 지원한 직책이 Engineer 1~3까지를 한 번에 아우르는 Entry 포지션이었는데, 지원자에 따라서 Engineer 1일 수도 아니면 Engineer 3일 수도 있는 것이었습니다. 그래서 한국에서의 학력과 경력을 감안하여 일단 인터뷰에 한 번, 면접에 불러보았는데 생각보다 답변을 잘해서 '일단 낮은 직급으로 채용해서 한번 시험해보자.'라고 생각하지 않았나 여겨집니다.

그렇게 해서 첫 시작은 신입으로 시작하였지만, 언어장벽을 감안하더라도 신입사원과 경력 사원의 적응력, 업무 능력 차이는 두드러질 수밖에 없었습니다. 그래서 저는 첫 3년 동안에 3번의 승진을 해서, 미국에서 첫 시작을 낮게 한 것을 만회하고 오히려 더 위를 바라볼 수 있게 되었습니다.

이러한 암묵적인 디스카운트는 항상 반드시 외국 학력자, 외국 경력자에게만 적용되는 것은 아닙니다. 미국의 소기업, 중소기업에서 근무하던 사람이 대기업에 지원을 할 때도 알게 모르게 적용이 될 수도 있습니다. 여기서 하나 강조하고 싶은 것은, 단순하게 중소기업에 다녔다는 이유만으로 경력을 깎는다는 것이 아닙니다. 미국에서도 새로운 직책으로 옮길 때, 적어도 동등한 레벨에서 움직이는지 아니면 승진으로 움직이는 것인지 항상 관심 있게 물어봅니다. Lateral Move(수평 이동)인 경우에는 적어도 같은 레벨에서 움직이는 것이기 때문이라서 다행이라고 볼 수 있으며, Promotion(승진)의 경우에는 당연히 축하를 해줘야 할 일입니다. 하지만 소기업/중소기업과 대기업의 업무 환경은 전문성, 업무의 강도, 스케일에서 차이가 많이 납니다. 대기업은 미국 전역 또는 전 세계를 대상으로 비즈니스를 하는 반면에 소기업이나 중소기업은 주로 어느 지역에 한하여 비즈니스를 할 때가 많습니다. 또한 많은 직원이 일인다역을 수행하는 중소기업과 달리, 대기업은 1인 1역이 대부분인 만큼 더 깊은 전문성을 요구할 때가 대부분입니다.

미국 대기업에서의 경력직 채용은, 특히 매니저나 그 이상의 레벨에서는, 큰 업무 범위를 잘 관리할 수 있어야 하면서도 전문성을 갖추어야 하는데, 이를 완벽하게 만족하는 사람들이 중소기업 출신에서는 상대적으로 많지 않다는 것을 말하고 싶은 것입니다. 그래서 제가 본 대부분의 중소기업에서 오신 분들은 연봉은 잘 모르겠지만, 직책은 대개 기존의 직책보다 1~2단계 정도 낮춰서 이직을 한 경우였습니다.

그래서 미국에서의 경력을 관리하려는 분들께는, 초반에 좀 힘들고 오래 걸리더라도 미국의 대기업에서 시작하는 것을 추천 드리고 싶습니다. 일단 한번 들어가고 나면, 그 경력은 'Looks good on your resume'가 되어서 추후 이직을 할 때 많은 도움이 됩니다.

경력직에게는 어떤 자격증이 도움이 될까?

당연하게도 회사에서 어떠한 직책, 어떠한 역할을 하고 싶은 지에 따라서 달라집니다. 우리는 이미 대학교에서 전공을 골랐고, 학위를 취득했기 때문에 가능하면 전공과 특기, 그리고 경력을 살려서 자격증을 바라보는 것이 큰 도움이 될 것입니다. 법학을 전공하고, 로스쿨을 나왔다면 당연히 로펌이나 판/검사 그리고 기업의 법무팀이 우선 순위가 됩니다. 그리고 공학을 전공했다면 기사 자격증이 있으면 좋고, 장기적으로는 경력을 쌓은 후에 기술사(Professional Engineer) 자격증을 취득하면 큰 도움이 됩니다. 물론 회계나 재무를 전공하셨다면 CPA를 취득하시거나 아니면 아예 MBA 학위를 추가로 하시는 것이 좋을 수도 있습니다. 그리고 프로젝트 매니저를 하고 싶다면, PMP(Project Management Professional) 역시 생각을 해보시는 것이 좋을 듯 합니다.

기술사(Professional Engineer)

우선 한국에서의 기술사는 국가자격증이면서 시험은 굉장히 어렵고, 합격자 역시 극소수에 이릅니다. 필기 합격률은 평균 7~8% 이하이고, 면접 시험도 별도로 통과해야 합니다. 대개 기사 자격증을 취득하고, 20년 이상의 경력을 가지면서 동시에 실력이 상위 5~10%의 엔지니어만이 시험과 면접을 동시에 통과해야만 기술사 자격증을 받을 수가 있습니다. 한국에서 건설용 도면을 발행하기 위해서 반드시 기술사의 검토, 날인이 필요한 것은 아니기 때문에 기술사가 무조건 필요하지는 않습니다. 물론 각각의 프로젝트나 법의 요구사항(책임 설계자 등)에 따라서 기술사의 참여가 반드시 요구되는 경우도 있습니다. 이러한 특수성이 바로 기술사의 필요성을 부각하고 존재를 더욱 특별하게 만듭니다. 하지만 한국에 존재하는 기술사의 숫자 자체가 굉장히 적다는 점이 오히려 기술사의 지위를 약화시키기도 합니다. 숫자가 워낙 적어서, 수많은 프로젝트들을 모두 커버할 수 없는 관계로 미국처럼 기술사에게 독점적인 지위를 부여할 수 없기 때문입니다.

반대로 미국에서의 기술사 시험은 상대적으로 쉬운 편에 속하며, NCEES(National Council of Examiners for Engineering and Surveying)라는 비영리단체에서 시험을 주관을 합니다. 당연히 공학을 전공해야 하고, 미국 기사(Fundamental Engineer) 시험을 통과한 상태여야 합니다. 국가를 불문하고 공학인증 된 학교에서 공학 학사학위를 취득했다면, 큰 어려움 없이 FE시험을 볼 수 있지만 그렇지 않다면 학력 인증이라는 추가 절차를 거쳐서 한국에서의 공학 학위가 미국에서의 공학 학위와 동일한 수준인지 확인해야 합니다. 요즘에는 한국의 공대들 대부분이 공학 인증을 받아서, 아마 큰 문제는 없을 것이라고 생각합니다. 미국 기술사 시험의 합격률은 대략 60~70%이며 면접이 없이, 단 1번의 필기시험으로 합격 여부가 갈립니다. 제가 시험을 봤던 2018년도에는 종이 시험지에 시험을 보는 방식에 오픈북이었는데, 요즘에는 전부 컴퓨터 시험으로 대체가 되면서 오픈북(Open Book)이 아닌 클로스드 북(Closed Book)으로 바뀌어 아예 책을 가지고 갈 수 없는 것으로 알고 있습니다.

미국 기술사의 시험 분야는 다양합니다. 총 12개의 대분류가 존재하며,

- 기계공학
- 구조공학
- 건축공학
- 화학공학
- 전기공학
- 조선공학
- 핵공학
- 환경/제어/농업/광업

등이 있으며, 각각의 대분류마다 자세한 소분류 분야 역시 존재합니다. 예를 들어서 기계공학의 밑에 공조(HVAC), 기계 설계와 재료, 열유체, 이렇게 3가지 세분된 분류가 있어서, 시험을 신청할 때 실수하지 말고 잘 선택하셔야 합니다.

시험은 오전 시험(4시간), 오후 시험(4시간)으로 나뉘며, 오전 시험에는 본인이 선택한 대분류(저의 경우에는 기계공학) 전반에 대한 내용, 유체역학, 열역학, 열전달, 공학 경제 등의 주제를 40문제에 걸쳐 다루어집니다. 오후 시험에는 선택한 세부 분류에 대한 심층적인 문제를 풀어야 하며, 역시 동일한 40문제를 풀도록 되어 있습니다. 계

산기는 사전에 이미 승인된 목록에 있는 모델만 허용되며, 각종 공식들을 포함한 Digital Reference가 시험 중에 사용 가능합니다.

　기술사 시험에 합격을 했다면, 이제는 등록을 해야 하는데 기술사로 등록을 하기 위해서는 일반적으로 미국 기술사의 검토/지도를 받은 4년 이상의 설계 업무 경력과 3명 이상의 미국 기술사로부터 추천서, 그리고 범죄기록 조회 등을 모두 거쳐야 합니다.

　각 주마다 다른데, 제가 등록되어 있는 아이오와주는 다음의 과정을 거쳐야 했습니다.

FE 취득 -> 미국 기술사 밑에서 4년 이상의 실무 경력 -> 아이오와주 기술사 관리부서에 모든 준비 서류 검토/접수 -> 승인 후 NCEES 기술사 시험 접수 -> 기술사 시험 응시 -> 합격 후 바로 기술사 등록

　어떤 주는 FE를 취득한 이후에 바로 PE시험을 볼 수 있게 허용하기도 하며, 시험을 먼저 합격한 후에 모든 요건(4년 이상의 경력, 추천서 등)을 갖추도록 하게 해주기도 합니다. 이런 경우에는 다음의 순서가 되겠습니다.

FE 취득 -> NCEES 기술사 시험 접수 -> 시험 응시 -> 합격 -> 실무 경력 -> 해당 주의 기술사 관리부서에 모든 서류 접수 -> 서류 심사 후 문제 없으면 기술사 등록

　기술사는 한국과 달리 국가자격증이 아니기 때문에, 등록을 미국의 각 주에 별도로 해야 합니다. 당연히, 등록비용도 추가로 들어가고, 각 주에서 요구하는 사항을 맞추지 못한다면 기술사로 등록을 할 수가 없습니다. 그리고 결정적으로 자격증 자체가 오직 해당 주에서만 유효합니다. 저의 경우에는 아이오와주에 기술사로 등록되어 있기 때문에, 캘리포니아나 텍사스주에서는 기술사로서 일을 할 수가 없습니다. 엔지니어로서 일을 할 수 없다는 것이 아닙니다. 엔지니어로서 일을 할 수는 있지만, 해당 주의 프로젝트 건설(Issued for Construction)용 도면에 날인을 할 수 없다는 뜻입니다.

　합격률이 높은 시험인 만큼 당연히 PE를 가진 사람(공급)도 많지만, 다행스럽게도 수요도 그만큼 많습니다. 예를 들어서 프로젝트의 건설을 시작하기 위한 Issued for Construction 도면은 기술사가 본인의 인장을 찍고, 서명을 해야지만 발행이 될 수 있습니다. 해당 주에 등록된 기술사의 도장과 서명이 없이는 건설용 도면의 발행 자체가 불가능하고, 그 어떠한 Contractor도 건설용 도면이 아닌 도면으로는 건설을 시작하지 않습니다(리스크가 매우 크고 불법입니다).

　또한 기술사 도장과 서명의 의미는 내가 모든 설계과정을 검토하였고, 문제가 없다는 뜻을 보이는 것이기 때문에, 당연하게도 프로젝트에 문제가 생긴다면, 해당 프로젝트를 설계하고 도면에 도장을 찍은 기술사가 첫 번째로 조사 대상에 올라갑니다.

만약에, 다른 주에서 기술사로 일을 해야 한다면, 그냥 그 주에 또 등록을 하시면 됩니다. 이미 기술사 자격증을 가지고 등록이 되어 있는 사람은 다른 주에도 등록을 하는 것이 어렵지 않아서 크게 걱정을 하지 않으셔도 됩니다. 시험을 다시 볼 필요는 당연히 없고, 추천인 3명의 추천서와 범죄경력 조회가 대부분의 필요조건이지만 주마다 다르니 확인을 하실 필요가 있습니다. 필요한 경우에는 미국 전체 50개 주에도 등록을 할 수 있지만, 등록비용도 비싸고, 갱신하는 비용도 비싸서 굳이 그렇게 할 필요가 있을까요?

그리고 미국 기술사는 2년에 한 번씩 갱신을 하여야 하는데, 갱신을 하기 위해서는 2시간의 윤리/도덕 교육을 포함한 총 30시간의 엔지니어링 관련 추가 교육을 들어야 합니다. 추가 교육은 대학교의 수업이나 인터넷 강의 같은 것이 아니라, 컨퍼런스 수준의 대면강의여야 하지만, 요즘에는 Webinar도 교육 시간으로 쳐줘서 아주 큰 도움이 됩니다.

예를 들어 ASME Turbo Expo나 Power GEN 같은 큰 컨퍼런스에 참가하려면, 약 $1,000~$2,000 정도의 참가비와 약 1주일간의 체제 비용, 그리고 교통비용이 필요합니다. 미국 국내에서의 컨퍼런스를 1주일간 참가한다고 하면, 전체 비용으로 약 $5,000 정도로 생각하시면 될 겁니다. 다행스럽게도 많은 회사들이 직원의 발전을 독려하기 위해서 기술사, PMP, CPA, 등의 자격증을 유지하기 위한 교육을 지원해줍니다. 당연히 회사 법인카드를 이용하고, 회사에 비용처리를 합니다.

미국 기술사에 관심이 있으신 분들은 다음의 웹사이트를 관심 있게 보시면 큰 도움이 되실 겁니다.

기술사 시험 주관

https://ncees.org

각 주의 기술사 관리부서

캘리포니아주 - https://www.bpelsg.ca.gov

뉴욕주 - https://www.op.nysed.gov/engineering

아이오와주 - https://dial.iowa.gov/about-dial/boards/
engineering-land-surveying

텍사스주 - https://pels.texas.gov

Project Management Professional(PMP)

PMP는 프로젝트 매니저가 되기 위해서 반드시 필요한 자격증은 아니지만, 프로젝트에 대한 지식을 쌓기에 아주 좋은 자격증입니다. 미국의 프로젝트 매니지먼트 협회에서 관리하며, 이 협회는 PMP 이외에도 다양한 자격증들을 추가로 주관하고 있습니다.

PMP시험을 보기 위해서는, 학사학위를 가진 사람은 최소 3년 이상의 프로젝트 매니지먼트 경력이 있으며 35시간의 프로젝트 매니지먼트 교육을 받아야 합니다. 시험을 응시하기 위해서 작성하는 서류에 프로젝트 경력과 교육을 마쳤다는 확인서를 첨부하도록 되어있습니다. 이때, 프로젝트 경력을 두루뭉술하게 적으면, 승인이 나지 않습니다. 프로젝트 경력은 PMBOK의 핵심 개념들을 사용해서 가능한 상세하게 적어야, 승인이 가능합니다.

시험 자체는 3시간~4시간이며 모두 객관식입니다. 시험 언어는 영어로 칠 수도 있고, 한국어로 볼 수도 있으며, 컴퓨터 시험인 만큼 합/불 여부를 바로 알 수 있다는 것이 큰 장점인데 어찌 보면 단점일 수도 있겠습니다.

PMP 역시 갱신을 해야 하는데, 3년에 한 번씩 갱신을 하면 되며 60시간의 교육 시간을 요구합니다만 다행스럽게도 인터넷 강의도 교육 시간으로 인정해줍니다. Udemy라는 곳에 가서 강의를 신청하면 $10~$20짜리 저렴하지만 우수한 강의가 매우 많으니, 참고하시면 좋겠습니다. 그리고 PMI 홈페이지에 로그인을 하셔서 본인의 자격증으로 가시면, 아래와 같이 어느 정도의 교육 시간을 더 들어야 하는지 알 수 있습니다.

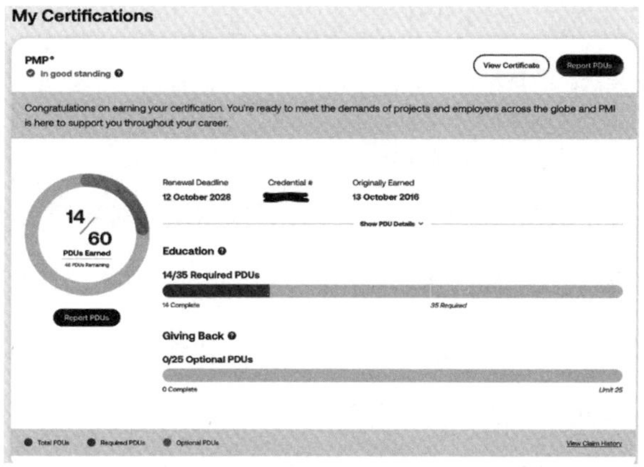

2025년 기준으로 저는 14시간의 교육을 이수해서, 총 46시간을 더 채워야 합니다

그 외에 도움이 될 만한 CPA, MBA 등

CPA나 MBA 모두 재무, 회계, 인사 쪽의 분야에서 굉장한 강세를 보이는 자격입니다. MBA는 자격증이 아니라 학위이기 때문에, 별도의 갱신이나 등록 과정이 필요하지는 않지만, 취득하는 데 있어서 시간과 비용이 너무 많이 들어가서 큰 부담이 됩니다. 요즘에는 온라인 MBA, Part-Time MBA 등 다양한 방식이 있어서 시간과 노력의 부담이 조금 덜 할 수는 있지만, 그래도 재정적으로나 시간적으로 큰 투자인 것은 분명합니다.

엔지니어들과는 거리가 먼 자격증과 학위라서, 필요가 없다고 느끼실 수도 있지만, 위로 올라가면 올라갈수록 재무지표에 민감해져야 할 필요가 있기 때문에 충분한 강점이 될 수도 있습니다. 왜냐하면 궁극적으로는 기업의 모든 활동이 돈(수익)으로 연결되기 때문에,

더 상위 직급으로 올라가기 위해서는 엔지니어도 경제/경영을 알아야 하는데 특히 MBA는 엔지니어들에게 모자란 지식과 경험을 채워주기에 좋은 방편이기도 합니다.

MBA의 경우에는 워낙 다양한 옵션이 있기 때문에, 본인에게 가장 적합한 프로그램을 선택하시면 될 것 같습니다. 직장을 휴직하거나 그만두고 듣는 Full Time이 있고, 직장을 다니면서 학위를 취득할 수 있는 파트타임/야간 MBA가 있고, 이제는 온라인으로도 들을 수가 있습니다. 당연히 가격 대비 최고의 효율을 얻을 수 있는 것을 선택하시면 되는데, 제가 할 때는 어린 자녀들이 있었고, 무책임하게 가정의 주 수입원을 내팽개치고 학교로 돌아갈 수가 없어서 가장 도움이 되면서도 저렴한 파트타임/온라인 MBA를 했습니다.

물론 풀타임 학생들만큼 지식을 쌓을 수는 없었지만, 그래도 현업에서의 경험을 바탕으로 앞으로의 커리어 방향에 큰 도움이 되는 학위였습니다. 특히, 끊임없이 작성해야 하는 레포트들은 제 영어 글쓰기 실력을 좋으나 싫으나 업그레이드 시켜주었으니까, 정말로 많은 것을 얻었다고 생각합니다.

어떠한 역할을 노려야 할까?

어느 나라에서나 대기업들은 거의 모두 전 세계를 대상으로 사업을 하기 때문에, 지역별로, 대륙별로 직책이 상세하게 나뉩니다. 나라별로 문화, 언어가 전부 다르기 때문에, 다양한 문화에 대한 이해도와 포용성을 가질 필요가 있으며, 효과적인 커뮤니케이션, 의사소통이 중요합니다.

제 전 직장 중 사업을 전 세계에 걸쳐서 하는 회사의 경우는 대개 아래와 같이 직책을 분류하였으며, 이를 바탕으로 미국에서 본인이 어떠한 역할을 수행하고 싶은 지 또는 본인에게 잘 맞을지 생각해 보시면서 Career Path를 고려하시면 될 것 같습니다.

- Global Role - 전 세계 모든 대륙별 본부의 Operations(생산, 판매, 품질, 에너지 소모 등)을 취합하여 회사의 경영에 도움이 되는 역할을 중점적으로 수행.

- Regional Role - 북미 또는 유럽 등 특정 대륙에 한하여 Operation, Sales, 품질, 새로운 제품 개발, 등을 총괄(다른 회사에서는 National Role이라고 칭하기도 함).

- Local Role - 대개 특정 플랜트에만 한정된 직책.

그리고 글로벌 기업의 본사(Corporate or Headquarter)에서 근무하는 직책들은 거의 대부분 Regional, National 아니면 Global Role입니다. 미국은 국토가 굉장히 큰 나라인 만큼, 각 담당자의 담당 구역 역시 아주 크고 광활하므로 하루에도 편도 500km는 우스울 정도로, 이동에 많은 시간을 할애합니다. 항공 이동도 많이 하게 되고, 공항에서도 비행기 안에서도 업무를 처리해야 하고, 운전 중에도 미팅에 참여해야 하는 경우가 대부분입니다. 이에 따라 출장도 많고 업무의 강도도 높지만, 전반적으로는 Local Role보다 인기도 많고 만족도도 높습니다. 왜냐하면 Regional, Global 역할 자체가 주는 더 큰 책임감과 업무에 있어서의 자유도, 성취감이 플랜트에 있을 때와는 아주 다르기 때문입니다. 결국에 더 큰 역할을 맡는다는 것은 회사 내에서 인정을 받고 승진한다는 것과 크게 다를 바가 없기 때문에 승진에 관심이 많은 사람들은 거의 대부분 본사 직책에 큰 관심을 가지고 공석이 날 때마다 잘 챙겨봅니다.

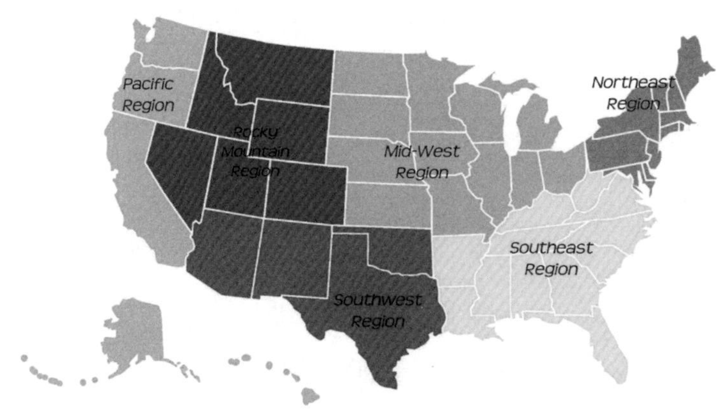

회사의 입장에서 Regional Role부터는 책임과 권한이 굉장히 커지는 만큼, 아무래도 회사의 내/외부에서 검증된 인재들을 채용하도록 노력을 합니다. 인력을 보충하는 방법은 회사 자체의 Local 플랜트에서 어느 정도 경력이 쌓인 인재이거나 또는 아예 외부에서 검증된 인력을 데려오는 경우가 대부분인데, 외부에서 데려오는 경우에는 비슷한 크기의 대기업에서 경력을 쌓은 인재를 선호하는 경향이 알게 모르게 있습니다.

본사 직책

미국 본사 직책의 장점은 우선 본인의 책임 범위가 넓어진다는 것입니다. 예전에는 해당 플랜트에서만 업무를 했다면, 이제는 미국 전역 또는 북미, 유럽 등의 다른 지역에도 걸쳐서 경험을 쌓을 수 있다는 것이 가장 큰 매력입니다. 또한 다양한 부서들 그리고 더 윗선의 사람들과 일을 할 기회를 가짐으로써, 자신의 능력을 발휘하고 증명함으로써, 더 높게 올라갈 수 있는 기회가 많다는 것이 장점입니다.

제가 가장 좋아하는 점은 제가 기술적으로 옳다고 생각하는 점을 밀고 나가면서, 미 전역에 위치한 30개에 가까운 공장들을 변화시킬 수 있다는 것입니다. 물론 제가 틀리면, 저는 짐 싸서 회사를 떠나야 합니다. 그리고 아무리 본사 직책에 있다고 하더라도 회사는 군대와 같은 맹목적인 상하구조가 아니기 때문에, 각 플랜트의 운전 팀장들과 의사소통을 하면서 배우고, 내 정책을 수정하고, 다시 고치고 하는 등의 시행착오는 겪습니다. 하지만 궁극적으로는 제가 추진하는 방향이 옳은 것이 최종 증명 될 때의 성취감은 이루 말할 수가 없을 정도입니다.

또한 회사에 따라 다르지만, Subject Matter Expert라는 직책을 가지면 대개 상당한 수준의 출장을 다니게 됩니다. 그렇기에 이러한 직책을 가진 직원들은 어느 한 곳에 고정된 사무실을 가지기 보다는, 집에서 일을 하면서 각 공장에 출장을 다니는 것이 더 흔합니다. 저 역시도, 집에서 재택근무를 하면서 미국 전역의 플랜트에 출장을 다니면서 업무를 처리하고 있습니다. 이미 잘 아시겠지만, 재택근무는 본인이 스스로 철저히 관리하지 않으면, 업무 태만이 발생하기가 아주 쉬운 근무 형태이고, 업무가 잘 돌아가지 않으면 바로 티가 납니다. 그래서 항상 스스로 자기 동기부여를 해서, 나태해지기 쉬운 정신상태를 계속 되돌아보아야 합니다.

그리고 미국에서는 넓은 지역을 다루어야 하는데, 이동시간과 미국 내에서 존재하는 시차 역시 상당히 부담이 되기도 합니다. 우선, 동부와 서부 사이에 3시간의 시차가 있으며 동부와 하와이의 시차는 6시간인데 동부에서는 이제 막 퇴근한 오후 6시라고 하더라도 서부에서는 한창 업무가 진행 중인 오후 3시, 하와이에서는 이제 막 정오가 되는 시간이기에 중요한 사항이 있으면 정말로 시도 때도 없이 이메일과 급한 연락을 받습니다. 그러면서도 너무 늦지 않고 시기적절하게 기술적인 조언을 제공하기 위해서 저녁에도 일하고, 새벽에도 일하고, 낮에도 그대로 일을 해야 한다는 것인데, 가족의 희생/이해가 없이는 이를 오래 유지하기가 어렵습니다. 또한 본사 직책은 대개 White Collar 일자리로 분류가 되기 때문에, 경제 상황 변동에 따라서 구조조정이 있는 경우에는 가장 먼저 날아가는 일자리이기도 합니다. Layoff는 본인의 능력과 전혀 상관없이, 경영진의 결정에 따라서 팀들을 날리는 것이기 때문에 더더욱 무섭습니다.

안 그래도 이 원고를 집필하는 과정에도 회사에 상당한 Layoff가 있었는데, 제가 있던 부서는 다행스럽게 비껴갔지만 얼굴을 알고 지내던 동료들이 하룻밤 사이에 실직자가 되는 것을 보고서는 정말로 식은땀이 났습니다. 본사에서만 약 1,000여 명 정도가 일자리를 잃는 일이 그냥 후다닥 일어나버립니다.

현장 직책

현장직의 경우에는 한 곳의 공장, 시설 근처에 거주하면서 매일 출퇴근합니다. 한국에서 일반적인 직장생활 하는 것과 거의 같다고 보시면 됩니다. 플랜트에서 발생하는 모든 일(생산, 유지보수 등)들을 일차적으로 처리하므로, 군대로 치면 5분 대기조의 역할을 퇴근 후에도 수행해야 한다고 생각하시면 이해가 빠르실 겁니다. 시설에 문제가 생기면 밤이건 새벽이건 달려가서 생산을 정상화해야 하기 때문에, 이들은 퇴근 후에도 휴가 중에도, 항상 휴대폰을 가까이 두고 생활하는 것이 참 서글프기도 합니다. 본사 직책이 다양한 플랜트를 서포트하는 것 때문에 연락에 시달린다면, 플랜트에서는 생산 시설 및 현황과 관련된 문제 때문에 연락에 항상 신경을 써야 합니다. 이외에 플랜트 자체적으로 해결할 수 없는 일들(추가적인 엔지니어링 도움이 필요하거나, Troubleshooting, Optimization 등)은 본사에 연락하여 추가 인력, 대개 Subject Matter Expert(전문가)를 불러서 해결을 합니다.

플랜트에서 일하는 것의 장점으로는 본인의 해당 분야에 대해서 깊게 배울 수가 있다는 것이며, 출장이 별로 없습니다. 현재 출장 수준이 최소 50%인 저로서는, 출장에 진절머리가 날 때마다 간혹 현장직으로 돌아가는 것을 진지하게 생각할 때가 있습니다. 단, 플랜트가 위치한 새로운 지역으로 이사를 가야 한다는 것 때문에, 결국에는 현재의 직책으로 다시 돌아오게 됩니다.

현장에서 근무하는 사람들 특히 운전/유지보수 쪽에서 근무하는 사람들은 특유의 끈끈한 정이 있습니다. 일터에서 같이 고생하고, 서로를 챙겨주면서 전우애 비슷한 유대감이 형성되어서 퇴근 이후나 주말에 서로의 집에 초대해서 저녁도 같이 먹고, 아이들끼리 같이 놀게 하면서 그들만의 리그가 완성됩니다. 한국으로 치면 부대에 갓 전입한 소위가 부대 내에서 오래 근무한 중사, 상사들로부터 느끼는 소외감과 비슷합니다.

그리고 공장을 폐쇄하는 수준이 아니라면, 공장은 거의 대부분 구조조정으로부터 안전합니다. 왜냐하면 회사의 Cash flow는 생산시설에서 나오는 실제 상품이 책임지고 있기 때문에, 공장을 폐쇄한다는 결정은 쉽게 내리기가 어렵기 때문입니다. 물론 시장 상황이 급격하게 악화되어서 더 이상 경제성이 없다면 이는 당연히 다른 이야기가 됩니다.

첫 직장(어떤 회사를 지원해야 하는가?)

미국 생활 초창기에 미국에서 첫 직장을 찾으신 다면 당연히 본인의 역량과 장점을 최대한 발휘할 수 있는 곳에 지원하는 것이 좋습니다. 그래야 최대한 빨리 직장을 찾을 수가 있기 때문입니다. 그리고 앞에서 이미 설명을 했듯이 가능하면 대기업에서 시작을 하는 것이 좋습니다.

저는 기계공학(정확하게는 항공우주공학)을 전공했기 때문에, 일반적으로 선택할 수 있는 직장의 분류가 크게 4가지였습니다. 한국에서의 예를 주로 발전 분야에서 들어보자면,

1. 설계사(Engineering Firm)

    a. 한전기술

    b. 현대 엔지니어링

    c. 삼성 엔지니어링

2. 건설사(Engineering / Procurement / Construction)

    a. 현대건설

    b. 대우건설

    c. 삼성물산

    d. 대림산업

3. 기기 제작사(Original Equipment Manufacturer)
    a. 두산중공업
        i. 가스터빈, 증기터빈
    b. 현대중공업
        i. 변압기, 모터 등

4. 전력 사업자(Supplier)
    a. 한국전력
        i. 한국수력원자력
        ii. 동서발전
        iii. 남부발전
        iv. 남동발전
        v. 중부발전
        vi. 서부발전
    b. SK E&S

5. 제조사
    a. 유한킴벌리
    b. 포항제철
    c. 대우조선해양
    d. 현대자동차

e. 삼성전자

f. 롯데제과

g. 등등

미국에서도 회사들의 분류는 거의 비슷합니다. 여기서 중요한 것은 본인이 어떤 분야에 강점을 가지고 있는 지와 어떤 분야에서 커나가고 싶은지를 알아야 한다는 것입니다.

설계사

설계사에서 하는 일은 그야말로 순수 엔지니어링입니다. 핵심 기기(배관, 열교환기, 터빈, 냉각탑 등)들의 용량을 산정하고 적합한 재질을 선택하여, 해당 계통들이 역학적으로, 공학적으로 연결이 되어 최종 생산 제품을 만들 수 있도록 합니다. 그렇기에 프로젝트에서 특히 초기에 핵심 브레인 역할을 하지만, 반대로 건설이 시작되고 막바지로 향하면 프로젝트에 대한 기여도가 그렇게 높지 많은 않습니다. 왜냐하면 설계사에서 하는 모든 일들은 오로지 도면에서만 존재하고, 현장에서 시간을 보내는 일이 그렇게 많지가 않기 때문입니다. 설계사에서는 Man-hour로 모든 것을 따져서, 엔지니어가 현장 지원에 나가 있는 동안에 다른 프로젝트를 할 수 없어서, 현장지원은 가능하면 거절하려는 경향이 있습니다. 그리고 현장에 있어 본 입장에서도, 설계사 엔지니어들은 별로 그렇게 큰 도움이 되지 않는 것 역시 사실입니다.

또한 설계사에서는 엔지니어의 구분이 굉장히 상세하게 나누어져 있습니다. 공정 엔지니어(기계나 화공), 배관 엔지니어, 제어 엔지니어, 전기/토목/등등 거의 대학교의 전공이 거의 그대로 이어져서 설계부서로 나누어져 있다고 보시면 되겠습니다. 그렇기에 할 수 있는 일 역시도 자신의 분야에 한정되어 있고, 전문적인 만큼 한 우물을 굉장히 깊게 팔 수 있지만, 반대로 똑같은 것만 계속해서 반복하게 될 확률이 높습니다. 예를 들어서, 한전기술에서 일을 하게 되면 앞으로 평생 발전소(원전이나 화력, 복합화력) 설계만 하게 될 가능성이 매우 높습니다. 왜냐하면 회사 입장에서는 직원이 이미 잘하는 것을 계속해서 시키려고 하지, 새로운 도전을 가능하게 하여 효율성을 떨어트리고 싶지는 않기 때문입니다. 그래서 결국은 계속 보일러, 터빈 설계, P&ID 작성 등만 거의 평생에 가깝게 해야 할 텐데, 똑같은 것만 주구장창하는 것을 싫어한다면, 오히려 단점이 될 수도 있겠습니다.

하지만 반대로, 엔지니어링에 대한 기초를 굉장히 탄탄하게 쌓을 수가 있다는 것이 아주 큰 장점입니다. 어느 회사를 가더라도 엔지니어의 기본은 설계이기 때문에 각 기기에 대한 용량 계산, P&ID 작성 및 검토 경험과 Code and Standard에 대한 이해도는 엔지니어 본인에게 아주 소중한 자산이 됩니다.

설계사 내부에서 Career를 계속하려면, 설계업무에서 벗어나 프로젝트 매니저를 가는 경우가 대부분인데, 모든 실제 업무는 설계부서에서 이루어지기 때문에 설계사의 프로젝트 매니저는 그냥 Middle Man이 되는 것이 현실입니다. 또한 설계업무를 하면서 Man-hour가 과다 청구되지 않도록 프로젝트 팀원들의 퍼포먼스 즉 시간 관리를 관리해야 하는데 프로젝트 팀원에 대한 실제 인사권한은 각 설계

부서장에게 있기 때문에, 프로젝트 매니저로서는 막상 할 수 있는 것은 많이 없습니다. 그래서 설계사에서의 커리어는 실제 설계부서가 아니라면 다양하게 뻗어 나가기에는 제한이 있습니다.

건설사

건설사에서는 설계업무도 어느 정도 다루고 경험을 할 수 있지만, 설계사보다는 더 다양한 역할을 겪어볼 수가 있습니다. EPC(Engineering Procurement, Construction) 프로젝트의 경우에는 자체적으로 Financing(자금 조달), Procurement(구매), 설계, 공사 등을 진행하기 때문에 본인이 어느 정도 다양한 분야를 겪어보고 싶다면 기회는 설계사보다 더 열려 있습니다. 하지만 건설사 엔지니어는 대부분의 경험을 실제 건설 현장에서 하게 될 것입니다. 건설현장에서는 예산 관리, 일정 관리, 기기 설치 등 정말로 많은 일이 벌어지면서도 시운전까지 수행하기 때문에, 건설 프로젝트의 후반부에 대해서 크게 배울 수가 있습니다. 그리고 현장에서는 정말로 다양하고 예상치 못한 상황이 발생하므로 이를 처리하면서 임기응변 능력을 키울 수도 있습니다.

> 건설사에서의 예는 아니지만, 예전에 한창 건설과정이 진행 중인 프로젝트가 있었는데, 펌프 3대를 설치할 장소에 터파기와 지반 다지기 등의 토목 공정을 수행해야 하는 차례였습니다. 제가 프로젝트 매니저였기 때문에 현장에 나가서 공정을 지켜보던 중에 한 가지 이상한 점을 발견했습니다. 포클레인 기사

가 술에 취한 것처럼 의사소통이 원활하지 않았고, 포클레인을 운전하는 것 또한 굉장히 불안해 보였기 때문입니다.

해당 주에서는 고용주가 직접 하청업체의 피고용자, 특히 노조원에게 음주나 약물 관련해서 물어보지 못하도록 되어 있었기 때문에, 저는 하청업체의 책임자를 불러서 몇 가지 염려되는 증상들과 안전 관련 문제가 염려되니 Follow-up 해달라고 요청하였습니다.

책임자는 해당 포클레인 기사에게 약물 검사를 하도록 요구하였지만, 운전자는 약물 검사를 거부하였습니다. 이미 의심되는 증상이 있는 상태에서 약물 검사의 거부는 바로 해고로 이어질 수 있는 사유였기 때문에, 책임자는 바로 포클레인 기사를 해고했습니다. 해당 기사는 해고 통보를 듣자마자 상당히 감정적으로 반응하였고, 결국에는 Verbal Threatening. 즉, 구두로 위협을 하였고 실제 물리적인 위협으로 이어지기 직전까지 가서 경찰을 불렀던 경험도 있습니다.

정말로 현장에는 무슨 일이 일어날 지 한치 앞도 알 수가 없습니다. 또 한번은 도면에는 아무것도 없다고 표기되어서 땅을 파기 시작했는데, 실제 사용 중인 12인치 짜리 천연가스 배관을 발견하게 되면 정말로 깜짝 놀랍니다. 그리고 자재가 현장에 제때에 도착하지 않아서 준비했던 모든 인원이 허탈을 치는 날도 있고, 날씨 문제로 인해서 공정이 뒤로 밀리거나, 안전사고가 발생해서 안전 점검이 들어오면 이 또한 상당한 시간과 정신을 잡아먹습니다. 하지만 개인적으로는 진짜 많은 것을 배울 수 있는 기회입니다.

단점으로는 현장에 나가게 되면 현장이 완공될 때까지 타지 생활을 해야 한다는 것입니다. 특히 미국 EPC(Bechtel, Jacobs, Fluor, Burns and McDonnell 등)은 국내 사업과 해외 사업이 모두 동등하게 많기 때문에, 프로젝트에 따라서 해외 생활을 많이 하게 될 가능성도 아주 높습니다. 당연하게도 가족들과 시간을 많이 보내기에는 좋지 않은 환경이어서, 미국 EPC들은 항상 인력이 모자란 편입니다.

기기 제작사

기기 제작사에서는 한 우물을 그야말로 끝까지 파고 들어가서 해당 기기의 마스터, 스페셜리스트가 될 수 있습니다. 예를 들어서 가스터빈 구매나 설치를 위해서 제작사인 General Electric, Siemens 등과 회의를 하게 되면, 제작사 측 인원들에게 질문을 할 수는 있습니다. 하지만 그들이 틀렸다는 것을 찾거나 증명하는 것은 매우 어렵습니다. 제작사 측 인원들은 그야말로 닳고 닳은 숙달된 전문가이기 때문에, 얕은 경험만 가지고 덤벼들었다가는 큰코다치고 물러납니다.

기기 제작사에서의 프로젝트 매니저는 대개 설계/제작도면을 고객사에게 보내어 설계 및 제작 승인을 받고, 기기 제작을 위한 자재를 제때 수급하고, 각 공정의 품질관리와 납기 준수가 주요 업무가 됩니다. 물론 고객사와의 의사소통을 꾸준히 하면서 역무에 대한 변화를 최대한 줄이되, 역무가 추가되는 경우에 대한 금액 산정 역시 아주 중요해집니다.

제조사 또는 최종 운영사(Owner)

많은 Owner들은 거의 대부분 B2B(Business to Business) 또는 B2C(Business to Customer)의 사업구조를 가지고 있습니다. 즉, 제품을 만들어서 고객에게 팔아야 하기 때문에 시장 상황에 맞추어서 공장 증설과 공정 최적화 등을 아주 자주합니다. 그리고 이 모든 것이 바로 프로젝트이며 설계사, 건설사, 기기 제작사들을 모두 아울러서 경험할 수 있는 최고의 기회입니다.

대규모 회사들은 자체 발전소도 가지고 있고, 제품 생산에 필요한 제조과정 역시 갖추고 있기 때문에, 정말로 다양한 경험에 노출될 기회를 가질 수가 있습니다. 예를 들어서 식료품 제조업에서 근무를 하게 된다면, Food Safety(식품 안전)에 대해서 더 많이 알 수 있습니다. 식중독을 야기할 수 있는 살모넬라균을 방지하거나 제거하기 위해 어떠한 공정을 거쳐야 하는지, 식품을 포장하기 위해서는 무엇을 신경 써야 하는지 등, 정말로 특수한 경험입니다. 반대로 제지업계로 가게 된다면, 나무를 어떻게 분쇄하고 가공하여 우리가 사용하는 부드러운 화장지가 만들어지는지 알 수 있는 기회가 됩니다.

Owner에서의 프로젝트 매니저는 설계사, 건설사, 기기 제작사의 경력이 있으면 좋은 프로젝트 매니저가 될 기회가 높아집니다. 왜냐하면 모든 비즈니스가 그렇지만 그 모두가 각자의 이익을 극대화하기 위해서 많은 노력을 경주하기 때문에, 다양한 경력을 가지고 있다면 많은 Contractor들이 이용하는 트릭을 쉽게 잡아낼 수가 있기 때문입니다. 설계 과정에서는 설계사들이 Man-Hour를 가능한 부풀리려고 하고, 건설과정에서 역시 자재 가격과 인력 규모를 최대한 과다

산정하려고 하는데 이때, 프로젝트 매니저가 해당 경험 또는 비슷한 경험이 있으면 이러한 업체의 '거짓말'을 쉽게 찾아내어, 예산과 리스크의 부담을 최저로 낮출 수가 있습니다. 반대로 제조사에서만 경력을 시작한 프로젝트 매니저들은 이를 갖추지 못했기 때문에, 상대적으로 더 돋보일 수 있습니다.

저의 경우에는 설계사에서의 경험을 바탕으로 엔지니어링 하청업체가 P&ID 2장을 새로 그리는데 3주간의 시간이 필요하다고 말을 했을 때, 바로 반박을 하면서 하청업체가 더 이상 거짓말을 못하게 그리고 비용을 과다 청구하지 못하도록 했던 것이 기억에 남습니다.

즉, 얕지만 넓게 아는 것이 한 우물을 깊게 파는 것보다 더 도움이 될 수 있는 곳이 바로 최종 운영사/Owner입니다.

취업 단계에 대해서

자, 이제 그러면 법적으로 미국에 취업을 할 수 있는 권한을 얻었습니다. 그러면 이제는 어떻게 해야 미국에 취업을 할 수 있을까요?

우선 일자리가 어디에 포스팅 되는지 알 필요가 있습니다. 한국에 사람인이 있다면 미국에는 Indeed.com, Glassdoor.com 등이 있습니다. 해당 사이트에 가셔서 일자리를 찾아서 마음에 드는 곳에 지원을 시작하시면 되는데, 그 전에 이력서를 미국의 형식에 맞추어서 다시 작성할 필요가 있습니다.

Resume

레주메라고 불리는 미국의 이력서는 한국에서처럼 나이와 성별을 적지 않고 당연히 사진도 없습니다(요즘에는 한국에서도 이력서에 사진을 넣지 않는다고 알고 있습니다). 대신에 본인의 역량과 경력에 더 치중하는 면이 강합니다. 본인에 대한 핵심 정보(이름, 주소, 연락처, 이메일 등)는 무조건 첫 페이지의 레터헤드에 적고, 그리고 레주메는 절대로 2페이지를 넘어서는 안 되며, 영어 오탈자, 문법적인 실수가 있어서도 안 됩니다.

레주메에 들어가는 이메일 주소를 반드시 미국식으로 바꾸시는 것을 추천드립니다. 미국에서는 업무용이나 개인용 이메일 주소를 정할 때 본인의 이름을 사용합니다. 예를 들어서 홍길동이라고 하면 미국에서의 이메일은 Gildong.Hong Gmail 또는 Outlook 등이 됩니다. 회사에서도 업무용 이메일을 그냥 본인의 이름을 사용해서 지정해줍니다. ABC Company라고 하면 Gildong.Hong@abc-company.com이 됩니다. 한국에서처럼 red-dragon123나 창의적인 다양한 아이디를 사용한 이메일은 레주메에 절대로 좋아 보이지 않습니다.

저의 경우에는 첫 페이지에 본인의 경력, 역량 그리고 강조하고 싶은 성취들을 잘 담아내고, 학력과 자격증 등은 두 번째 페이지로 넘깁니다. 또한 본인이 지원하고자 하는 일자리의 요구사항(Job Description)에 따라서 레주메를 조금씩 Customizing 해서 제출하는 것이 중요한데, 저 개인적으로는 Customizing을 하나 하지 않으나 그리 큰 차이는 없었던 것 같습니다.

일반적인 Hiring Manager들이 입사지원자들의 레주메를 읽는 데에 투자하는 시간은 약 30초에서 1분 사이입니다. 그 시간에 하이어링 매니저의 눈길을 끌어야 그 다음 단계인 전화인터뷰(Phone Screening)으로 넘어갈 수 있습니다. 그래서 문법 실수나 오탈자가 전혀 없어야 한다고 강조하는 것입니다. 레주메의 첫 페이지에서 바로 오탈자나 문법 실수가 있으면, 지원자의 실력에 대한 의심이 들기 시작해서, 그냥 바로 탈락시키는 경우가 부지기수입니다.

출처: Microsoft CoPilot

그러면 본인의 레주메를 돋보이게 하기 위해서는 무엇이 필요할까요?

가장 중요한 것은 미국 학력과 미국 주소, 연락처 그리고 미국에서의 경력이라고 할 수가 있습니다. 우선 레주메의 주소와 연락처가 미국 주소가 아니라면 여기서 일단 걸러집니다. 왜냐하면 외국인을 비자 스폰서하는 것이 금전적으로나 시간적으로나 쉬운 일이 아니기 때문입니다.

그리고 미국 학력이 굉장히 중요한데, 학교 수준을 바탕으로 지원자의 수준을 바로 가늠할 수 있으면서도 또한 아예 외국에서 오는 지원자들에 비해서 영어에 대한 걱정을 덜 수 있기 때문이기도 합니다.

그 다음으로는 본인의 핵심 경력과 경쟁력을 짧은 3~4줄로 적어넣는 것이 아주 중요합니다. 결국에는 실력이 있고 경쟁력이 있는 자원을 뽑는 것이 목표이기 때문에, Professional하면서도 절제된 용어의 사용을 통해서 레주메를 돋보이게 하는 것이 큰 도움이 됩니다.

간혹 커버레터(자기소개서)를 쓰는 것이 어떨지 궁금해하시는 분이 있으실 텐데, 공공기관이나 공기업, 공무원을 목표로 하시는 것이 아니라면 커버레터는 필요하지 않고 저 역시 확인하지 않았습니다. 커버레터는 결국 레주메를 좀 더 자세하게 쓰면서 지원동기를 언급하는 문서이기에, 레주메만 보고도 충분한 정보를 얻을 수 있다고 생각해서 시간을 상당히 투자해서 읽어야 하는 커버레터는 웬만하면 넘어갔습니다.

Phone Interview

레주메가 통과되면 그 다음은 첫 번째 관문인 전화 인터뷰는 대개 30분 동안 이루어지며, 대부분 Hiring Manager가 아닌 HR(Human Resource 인사과)소속의 리크루터가 진행을 합니다. 일반적으로 미리 준비된 질문지가 있으며(당연하게도 지원자에게는 알려주지 않음) 지원자가 답변하는 내용의 핵심 부분을 HR 직원이 타이핑하여 인사 관련 시스템으로 옮깁니다.

전화 인터뷰에 있어서 가장 기본적인 것은, 정해진 시간에 맞춰서 전화를 받는 것입니다. 미국은 본토 기준으로 3가지 시간대가 존재하기 때문에(Day Light Saving이 끝나면 4가지 시간대), 단순하게 본인이 거주하는 지역의 시간만 보고서 준비했다가는 전화를 놓치게 될 수도 있습니다.

저 개인적으로 초창기에 미국 동부 시간대에 위치한 회사랑 전화 인터뷰를 아침 10시에 하기로 하였는데, 10 am Eastern Time = 9 am Central Time인 것을 깜박 잊고서 전화를 못 받은 적이 있고, 당연히 그 회사는 저를 탈락시켰습니다. 제가 미리 시간대를 한 번 더 확인했으면 좋았을 텐데, 이민생활 초기에는 미국의 다양한 시간대에 익숙하지가 않고, 헷갈려서 이런 일이 생겼습니다.

또한 다양한 억양이 존재한다는 것이 한국에서 갓 오신 분들에게는 엄청난 난관인데, 한국에서 전화영어 하듯이 친절하고 천천히 또박또박 말을 해주는 것이 아니라서 식은땀을 줄줄이 흘리기 일쑤입니다. 사람을 보면서 이야기할 때와 안 보면서 목소리로만 들으면서 이야기하는 것은 상당한 차이가 있어서, 익숙해지시기 전까지는 좀 어렵지 않나 싶습니다.

특히 영어가 제2외국어인 리크루터를 만나면 그때는 정말 지옥입니다. 특이한 억양과 발음을 가진 사람들을 만나면, 질문을 잘못 알아듣고 계속 다시 물어보게 되는데, 이는 채용의 가장 기본조건인 원활한 커뮤니케이션 자체가 안된다는 것을 의미할 수 있기 때문에, 최대한 신경을 쓰실 필요가 있습니다.

일반적으로 물어보는 질문들은 다음과 같습니다.

- Why did you apply for this job? (이 일자리에 왜 지원하였습니까?)

- Tell me about yourself. (당신에 대해서 이야기를 해주세요.)

- What is your strength? (당신의 강점은 무엇입니까?)

- Where would you be in your career in 5 years from now on? (지금으로부터 5년 뒤 당신은 어떤 위치에 있나요?)

이민지들이 워낙 많은 나라라서 답변을 하면서 억양이 있는 것은 아주 큰 문제가 되지 않습니다. 하지만 답변들은 가능하면 1분~2분 이내로 간결하지만 알아듣기 쉬우며 핵심은 반드시 설명해야 합니다. 답변이 핵심을 찌르지 못하고 빙빙 돌아간다거나, 중구난방으로 막 버벅거리면서 얼버무린다면, 당연히 다음 단계로 넘어가는 것은 어려울 것입니다.

이러한 답변에 질문할 때 가능하면 직접 겪은 상황을 예로 들어서 설명하는 것을 미국의 리크루터나 하이어링 매니저들은 아주 좋아하니 참고하시면 도움이 될 듯 합니다.

그리고 대략 마지막 5분 정도를 남기고서 역으로 지원자에게 질문을 던집니다.

– 당신이 궁금한 것은 따로 없으신가요?

대부분의 한국인 지원자들이라면, 여기서 더 이상 없다고 하면서 인터뷰를 그냥 끝낼 텐데, 여기서도 직무나 회사와 관련된 센스있는 질문을 하면 가산점이 될 수도 있습니다.

인터뷰 답변들은 모두 기록되어, HR 자신의 의견과 합쳐서 Hiring Manager에게 넘어갑니다. 그리고 하이어링 매니저는 이를 보고서 지원자를 대면 면접으로 부를지 말지 여부를 결정합니다.

만약에 지원자가 매우 경쟁력이 있어서, 대면 면접을 해야 한다고 하면 대개 전화 인터뷰가 끝나고 1주일 내에 회사로부터 연락을 받게 됩니다. 만약에 1주일 전후로 연락을 못 받았다고 하면, 슬프지만 그 회사는 이제 더 이상 당사자에게 관심이 없다는 것을 의미합니다.

Onsite Interview

이제 대면 면접에 초대받았다는 것은 이 회사 당신에게 굉장히 관심이 많다는 이야기입니다. 대면 면접은 회사의 본사나 앞으로 출근할 플랜트에 직접 가서 4~6시간 정도 보게 되는데, 여기에 필요한 모든 경비를 인터뷰를 진행하는 회사에서 부담하기 때문에, 지원자를 대면 면접을 위해서 부른다는 것은 이제 취업을 위한 모든 것이 갖추어졌다는 것과 다를 바가 없습니다. 잘 준비해서 실수하지 않고, 좋은 인상을 남기는 데만 신경을 쓰면 되겠습니다.

여행 일정의 경우에는 회사의 출장일정을 전담하는 여행사 또는 부서에서 지원자에게 연락을 해서 호텔, 항공편, 렌트카 등의 큰 아이템들을 미리 예약해줍니다. 아니면 아예 모든 것을 지원자에게 맡기기도 합니다. 그리고 기름값이나 식비 같은 자잘한 것은 본인이 지출하였다가 영수증 처리를 해서 돌려받을 수 있습니다.

저의 경우에는 캘리포니아 샌디에이고에 살 때, 미국 중서부에 면접을 보러 가야 했는데, 샌디에이고 공항까지 운전하는 기름값, 주차비, 항공편, 수하물 요금, 렌트카, 호텔, 식비 등 그 모든 것을 영수증 처리하였다가 나중에 환불해주었습니다. 물론 식비에 어느 정도 제한은 있지만, 그래도 처음 겪어보는 융숭한 대접에 아주 기분이 좋았던 것이 생각납니다.

대개 면접 전날에 출발해서, 면접 장소 근처에서 1박을 하고 그 다음 날 아침에 면접을 진행한 다음에 당일 오후나 저녁 비행기로 다시 집으로 돌아가는 여정입니다.

면접은 1:1 면접보다는 주로 Panel Interview라고 해서 다대일 면접이 주를 이룹니다. 저의 경우에는 주로 2:1 면접을 두 번에서 세 번 정도 하고, 만약에 합격한다면 같은 팀원이 될 사람들과 점심을 같이 먹고 돌아오는 것이 대부분이었던 것으로 기억합니다. 그리고 면접을 진행하는 사람들은 직속 상사가 될 사람도 있고, 추후에 많은 협업을 하게 될 사람 그리고 팀 내에서도 나이가 많고 경력이 많은 사람들이 대부분입니다.

면접의 요령이라고 할 것까지는 없지만, 영어를 완벽하게 하려고 하는 것보다는 해당 직책에서 요구하는 수준의 특정 역량을 보여주려고 많이 노력했습니다. 예를 들어서, 프로젝트 매니저를 뽑는 인터뷰에서는 주로 Scope Creep(프로젝트의 역무를 실수로 잊어버리거나 빠트린 경우)이나 예산이 예상치를 초과한 경우의 예를 들어서 어떻게 해결하고 이를 통해서 무엇을 배웠는지를 주로 설명했습니다.

누구나가 실수를 하기 때문에, 실수를 덮어서 나는 완벽한 사람인 것처럼 보이려고 하는 것 보다는 그냥 "나도 실수를 했고, 이를 교훈 삼아서 앞으로 같은 실수는 하지 않을 것이다."라는 뜻을 전달하는 것이 더 중요하다고 느꼈습니다. 그리고 엔지니어로서의 기본적인 역량, 예를 들어서 설계사(Consulting Firm)을 어떻게 핸들링하고 P&ID 등의 도면을 어떻게 검토하고 승인하는지 등등을 간략하게 설명해주었던 것으로 기억을 합니다.

이렇게 면접까지 부르는 지원자는 각 포지션당 대개 2~3명 정도에 불과합니다. 회사 입장에서도 지원자의 여행비용과 자체 인원들을 면접에 투입해야 하는 기회비용까지 포함해서 고려를 하기 때문에, 아주 많은 수의 지원자들을 부르지는 않습니다.

본인이 최우선순위(Top Candidate)라면 면접이 끝난 이후에 대개 1주에서 2주 안에, 취업 오퍼가 날아옵니다.

Offer

Offer Letter를 받았다는 것은 이제 취업의 9부 능선을 넘었다고 생각하시면 됩니다. 오퍼레터는 대개 기본급, 보너스 그리고 각종 Benefit(휴가 일수, 401K Match Rate, 의료보험 등)을 나열하는 경우가 대부분입니다. 새로운 곳으로 이사를 가야 한다면 관련한 비용역시 오퍼레터에 포함이 됩니다.

인터넷에서 아주 많은 경우에, 언제나 협상(Negotiation)이 가능하다고 말을 하는데, 실제로는 협상의 가능성이 그렇게 많지는 않습니다. 대개 인터뷰 과정에서 희망 연봉을 여러 번 물어보면서 확인을 하고 또한 여기에 어느 정도 맞춰서 오퍼를 주는 것이라서, 갑자기 20% 추가된 금액을 부르는 등 무리한 행동을 하면 오퍼가 아예 철회될 수도 있습니다.

오퍼를 받아들이기로 결정을 하면, 오퍼레터에 서명을 해서 이메일로 회신을 하면 됩니다. 만약에 오퍼를 거절하기로 했다면, 거절하는 이유를 정중하게 적어서 보내면 됩니다만, 하나 알아두셔야 할 것은 오퍼를 거절한 회사에는 앞으로 다시 지원하기가 매우 어려울 것이라는 사실입니다. 실제로는 다시 지원하더라도 광속 탈락할 가능성이 90% 이상입니다.

저의 경우에는 오퍼를 받아들이기로 해서 서명까지 해서 이메일을 보냈는데, 다른 회사에서 더 좋은 오퍼가 오는 바람에 거절을 해본 적이 있는데 상당히 어려운 경험이었습니다. 어디까지나 비즈니스이지만 그래도 도의적인 측면을 아주 무시할 수는 없어서 더더욱 개인적으로 미안했고, 어려웠던 것 같습니다.

출처: Microsoft CoPilot

Background Check

오퍼를 수락한 이후에 이제 마지막으로 할 것은 신원조사입니다. 앞으로 일하게 될 회사에서는 신원조사만 전문으로 하는 회사를 고용해서, 레주메에 써진 거의 모든 정보를 확인합니다.

회사마다 다르지만 최소 7년에서 최대 10년까지 정보를 확인하는 것이 대부분이며 다음의 정보를 거의 100% 필수로 확인합니다.

- 근무경력
  - 한국에서의 근무경력 역시도 직접 회사에 연락하여 확인함.
  - 미국에서의 근무경력은 더더욱 확인하기 쉬우니, 바로 가능.
- 범죄경력
  - 성범죄, 중범죄, 및 기타 범죄 여부 확인.
  - 중범죄나 성범죄 전과가 있으면 오퍼가 취소될 가능성이 매우 높음.
  - 그 외에 음주운전이나 체포된 경력이 있으면, 회사에서 추가 검토를 실시하고 결과에 따라서 오퍼가 취소될 수도 있음.
- 신용기록 확인
- 자격증
  - 기술사, PMP, 등의 자격증의 유효 여부 확인.

물론 방산 업체나 각종 기밀을 다루는 연방정부에 취직을 한다면 신원조사 내용이 더 방대해지고, 시간도 오래 걸릴 것입니다.

신원조사는 웬만하면 2~3주 내에 끝나는데 여기서 하나 반드시 주의해야 할 점이 하나 있습니다. 신원조사가 끝날 때까지는 이직의 불확실성이 남아있으므로, 현 직장에 2주 Notice(퇴사 통보) 주는 것을 미루시기 바랍니다. 괜히 2주 노티스를 먼저 주었다가 뭔가 하나 튀어나와서 이직이 취소되어 버리면, 커리어가 붕 떠버릴 수 있습니다.

만약에 레주메에 거짓말을 썼다가는 여기에서 바로 잡힙니다. 그러니 레주메에는 사실만 적으시기를 바라겠습니다.

Start Date 그리고 E-Verify

회사마다 다른데, 어떤 회사는 시작 날짜를 오퍼레터를 주면서 협의하는 곳이 있는 반면에, 신원조사가 끝나고서야 정하는 곳도 있습니다. 저는 웬만하면 항상 신원조사가 끝나고 나서야 시작 날짜를 정하는 타입이었습니다. 그리고 시작하는 첫날에는 무조건 I-9을 작성하면서 E-Verify를 진행합니다.

I-9은 Employment Verification 즉, 취업을 할 수 있는 법적 신분과 Identity(본인 신분)이 있는지를 확인하기 위한 서류로서 입사 첫날에 반드시 작성하는 서류입니다. I-9은 모든 Employer가 반드시 작성하고 확인해야 하는 서류이며, 미국 이민국에서는 다음의 서류를 I-9에 적합한 서류로 인정하고 있습니다. 그리고 많은 회사들이 I-9을 작성한 다음 E-Verify를 통해서, 서류에 작성된 신분이 현재까지 유효한 신분인지 Online 상으로 추가 확인을 하게 됩니다.

I-9에는 본인 확인과 법적 신분확인이 가능한 서류들을 표시한 목록이 있는데, List A/B/C의 3가지로 나누어집니다. List A의 서류는 단 하나만 제출해도 되지만, List A에 해당하는 서류가 없는 경우에는 List B와 List C에 존재하는 서류를 하나씩 총 두 가지의 서류를 제출해야 합니다.

미국 이민국 I-9 작성에 필요한 서류
(Form I-9 Acceptable Documents | USCIS)

List A

– 미국 여권 또는 여권 카드

– 영주권 카드(I-551)

– 영주권 도장이 찍힌 외국 여권

– 사진이 포함된 취업허가증(I-765)

– 특정 고용자를 위해서 임시로 취업이 허가된 개인의 경우

  • 외국 여권

  • 여권과 이름이 동일한 I-94 그리고 취업 허가를 보증하
    는 서류

– 미크로네시아 또는 마셜제도의 여권

List B

– 사진이 포함된 미국에서 발행된 운전면허증

– 연방, 주, 지방 정부에 의해서 발행된 신분증 (예, state ID)

– 사진이 포함된 학생증

– 투표자 등록증

– 미군 신분증

– 미군 가족 신분증

　　- 미국 해안경비대 상선 승조원 신분증

　　- 미국 원주민 부족 신분증

　　- 캐나다에서 발행된 운전면허증

List C

　- 사회보장번호증

- 미국 국무부에서 발행한 출생증명서(DS-1350, FS-545,

　FS-240)

- 미국의 주, 카운티에서 발행한 출생증명서

- 미국 원주민 부족 관련 서류

- 미국 시민권증(I-197)

- 국토안보부에서 발행한 취업 허가증(N-550, N-560, N-570,

　I-571 등)

E-Verify(https://www.e-verify.gov/)는 미국 국토안보부에서 제공하는 프로그램으로 지원자가 I-9에 작성한 내용인지 거짓인지 아닌지 확인할 수 있는 기능을 제공합니다. 궁극적으로는 합법적 체류자(미국 시민권자, 영주권자, 그리고 합법적 비자소지자)만 채용할 수 있도록 하는 것이 목적입니다. 요구되는 신원정보를 넣으면 5초 이내에 해당 인원이 합법적으로 미국에 취업을 할 수 있는지 아닌지, 고용적격성 확인이 바로 가능합니다.

E-Verify는 채용이 확정된 이후에, 고용 1일 차에 수행하는 절차인데, 여기서 고용적격성의 즉각 확인이 안 될 수도 있습니다. 시스템

에 부정확한 정보가 입력되어 있는 경우에는 국토안보부 산하 이민국에 연락하여 왜 고용적격성이 확인되지 않는지 해결을 하여야 합니다. 여기서 법적으로 E-Verify가 해결되지 않았다고 해서 채용한 사람을 바로 해고할 수는 없습니다. 해당 본인에게 충분한 기회와 시간을 제공한 이후 또는 본인이 아무런 해결 의지를 보이지 않는다면, 고용을 철회할 수가 있습니다.

만약에 미국에서 고용주가 채용자격이 없는 불법체류자를 고용하였다가 적발되면 다음과 같은 불이익이 있습니다.

- 민사 불이익

    • 채용 1인당 $110에서 $1,000까지 범칙금

    • 미국 정부와의 계약 금지 (공공 프로젝트 참여 불가능)

- 형사 불이익

    • 채용 1인당 최대 $3,000까지의 벌금

    • 혐의에 따라서 최대 5년까지의 징역

다시 한번 언급을 하지만, 빨리 취업하고자 하는 욕심에 레주메에 거짓 경력, 학력을 적으시는 것은 정말 추천드리지 않습니다.

제3장

미국에서의 직장 생활

저는 한국에서 공기업 계열의 엔지니어링 사에서 근무를 했기 때문에, 다른 사기업에 대해서는 잘 모르지만, 제가 겪었던 직장은 영어식으로 말하면 Micro-Management가 굉장히 심한 곳이었습니다.

특히 신입사원으로서 한창 배울 때라 그랬는지도 모르겠지만, 각자 본인에게 주어진 역할 자체가 엄격하게 제한되어 있어서, 개인의 융통성을 발휘하기 굉장히 어려웠습니다. 설계 성과물의 경우에는 발주처, 건설사에게 나가는 것이기 때문에 물론 더 자세한 리뷰가 필요했던 것은 맞지만, 그 외에도 Best Practice나 Lessons and Learns를 반영하여 다음 프로젝트를 개선할 수 있는 여지를 전혀 남기지 않았던 것이 더 아쉬웠다고 생각이 됩니다. 어쩌면 경직된 의사결정 구조를 싫어하고, 적절한 자율과 융통성을 추구하는 저의 성향 때문에 해당 직장과 잘 안 맞았는지도 모르겠습니다.

그러면 미국의 회사들은 정말로 유연하고, 흔히 말하는 꼰대가 없고, 일과 가정의 양립이 가능한 천국일까요?

할 것만 제대로 하면 신경을 쓰지 않는다.

제가 겪은 대부분의 직장 상사(Manager 또는 Supervisor)들은 마이크로 매니징을 하지 않고, 상당히 유연하고 느슨하게 관리하는 스타일이었습니다. 일반적으로 매주 또는 격주로 30분 정도의 1대1 미팅을 통해서 업무의 진척 정도를 파악하는 것이 전부였지만, 물론 필요한 경우에는 매니저와 언제나 추가 회의를 할 수가 있습니다. 1:1 주간 회의는 대개 제가 업무의 핵심 진척 사항에 대해서 브리핑을 하고, 예상 완료 시점과 업무 수행에 있어서 어려운 점 등을 언급하면 이에 대한 피드백을 받는 순서로 진행이 되는데, 매니저와의 의사소통은 매우 중요해서 쉽게 생각하시면 안 됩니다.

직장생활을 하시는 분이라면 아시겠지만, 위로 올라가고 경험이 쌓이면서 업무에 대한 시야가 넓어지면, 밑에 직원들의 업무 진행 정도가 어느 수준인지 대개 한눈에 들어옵니다. 그래서 1대1 미팅은 그냥 직장 상사 본인이 확인한 일의 진행 수준이 실제 담당자의 설명과 일치하는지 확인하는 데 그 목적이 있다고 보시면 됩니다. 물론 일이 제대로 진행되고 있고, 큰 틀에서 방향이 벗어나지 않는다면 직장 상사들은 크게 신경을 쓰지 않습니다. 역으로 이야기하면 큰 틀에서 벗어나지 않는 한, 각자에게 어느 정도의 재량권이 주어진다는 것을 말합니다. 또 하나 중요한 것은, 해야 할 것을 '최소한으로'하는 것이 아니라 초과달성(Overdeliver) 하는 것입니다. 살짝 언급했듯이, 직원이 최소로 일하는지, 최대로 일하는지는 생각보다 굉장히 잘 보입니다.

예를 들어서,

딱 법정 근로시간에 맞추어서 일을 하면, '나는 할 것 다했으니까, 다음 일이 있을 때까지 논다.'라는 사람이 있는 반면에, 본인의 열정을 쏟아붓고 완벽성을 기하기 위해서 조금 더 근로시간을 투자해서 초과 달성을 하는 사람이 있습니다.

평상시에는 두 사람 모두 큰 문제가 없지만, 시장 상황이 안 좋아지고 감원을 해야 하는 경우가 생긴다면 누가 먼저 일자리를 잃게 될지는 상당히 명확합니다.

즉, "할 것만 제대로 하면 신경을 쓰지 않는다."라는 말은 단순히 주어진 업무를 충실히 수행하면 상사가 간섭하지 않는다는 의미를 넘어섭니다. 본인의 책임감과 자율성을 전제로 한 회사의 신뢰도를 의미하며, 직장에서는 업무의 초과 달성을 통한 본인의 가치 증명을 해야 함을 뜻합니다.

협업이 굉장히 중요하다.

어느 조직이나 마찬가지이지만 법무팀, 구매팀, 각 공장에서 운전과 유지보수를 책임지는 다양한 부서들이 존재하고, 그 부서들은 본연의 업무에 당연히 우선순위를 둡니다. 하지만 직책상, 프로젝트 때문에 협업을 해야 하는 경우가 부지기수입니다.

저는 본사에서 Utility(Steam, Air, Water, Wastewater 등) 분야에서의 Process 최적화, Best Practice Implementation, 프로젝트 개발 등을 하고 이를 각 생산 공장에 전파를 하여 현장에 적용하는 역할을 수행해야 하기 때문에, 여러 생산 시설의 관리자, 운전 부서, 그리고 본사의 예산 관리/인사 관리 부서 등과 소통을 해야 할 일이 상당히 많습니다. 특히, 모범사례들을 수집하고 이를 바탕으로 최적화 방안을 각 생산 시설에 적용해야 할 때는 지속적으로 "여기에 이거를 추가하세요, 저거를 추가하세요."라는 요구를 많이 하게 되고, 당연히 돈이 들어갑니다. 일반적으로 예산은 해당 연도의 10월~11월 정도에 이미 확정되어 다음 회계연도를 준비하도록 되어 있습니다. 하지만 본사의 방침은 이 시기를 고려하지 않고 그때 그때 현장으로 내려가기 때문에, 현장에서는 이미 짜여진 예산을 뒤틀어서 본사의 방침을 적용해야 하는 과정이 꽤나 많이 생깁니다. 당연하게도

이 과정에서 상당한 반발과 불만이 터져 나오는 경우가 많습니다. 그리고 여기서 저의 역할은 본사의 방침을 설득력 있게 설명하며, 각 공장에서 본사의 지침을 납득하고 적극적으로 수행할 수 있도록 하는 것이었습니다. 그래서 상대의 반발을 유발하지 않는 우수한 의사소통 능력이 필수가 되며, 이를 잘 해결하게 되면 그 조직 내에서 본인의 평판이 올라가게 됩니다. 만약에 이를 해결하지 못해서 본인의 매니저에게 도움을 요청하면, 이는 오히려 마이너스로 작용을 할 수가 있습니다.

하지만 간혹 가다가 본인보다 현저하게 높은 직급인 생산 시설의 최고 책임자(대개 임원급)나 그에 준하는 직급이 어려움을 토하면서, 본사 방침에 대한 불이행을 이야기하는 경우에는 본인의 매니저에게 도움을 요청하는 것이 당연하니, 이 경우에는 너무 신경을 안 쓰셔도 됩니다.

예를 들어 본사에서의 제 직급은 한국에서의 차장, 부장 정도로 볼 수가 있는데, 제가 의사소통하고 제 의지를 관철해야 하는 대상이 생산 시설/공장에서의 최고 책임자 정도(임원)가 되면 저도 무게추를 맞추어야 할 필요가 있습니다. 그렇지 않으면 흔히 말하는 계급에서 밀려서, 본사의 방침을 적용하지 못하게 되기 때문입니다. 이럴 때는 저도 제 매니저나 그 윗선을 지원군으로 끌어들이면서, 본사 방침의 당위성과 중요성을 잘 설명해서 각 생산 시설에 적용이 될 수 있도록 많은 노력을 합니다. 결국에는 어느 정도의 정치가 필요한 직급에 들어섰기에 겪는 일이라고 할 수 있습니다.

여기서 하나 꼭 아셔야 할 것은, 미국 회사의 본사와 생산 시설 간의 관계는 군대와 같은 수직적인 구조가 아니라는 것입니다. 그래서 본사에서 "이것을 적용하세요."라고 C-Suites에서 이야기하지 않는 한, 일방적으로 대할 수 있는 관계가 아닙니다.

연봉

　　　　　직장생활을 하면서 연봉은 가장 중요한 지표이며, 한국에서와 마찬가지로 미국에서도 연봉은 기본급+성과급으로 나누어집니다. 한국에서는 대개 영끌(영혼까지 끌어모은 연봉 – 회사 받을 수 있는 모든 금액을 합친 것)을 본인의 연봉으로 생각하는 경우가 많지만, 미국에서는 그냥 기본급을 기준으로 생각합니다.

　지급 방식은 회사마다 다르지만 2주일에 한 번씩(Bi-Weekly) 또는 15일마다 한 번씩(Semi-Monthly) 지급이 일반적이며, 2주일마다 한 번씩 지급이 되는 경우에는 1년에 26번 지급을 받지만(1년 = 52주), 15일마다 한 번씩 지급을 받는 경우에는 1년에 24번을 받게 되는 점(1년 = 12개월)이 다르다고 생각하시면 됩니다.

　성과급은 직급에 따라서 다르지만 최소 5%에서 최대 25% 정도까지 차이가 나도록 되어 있습니다.

예를 들어서,

– 기본급: $150,000
  • 2주일에 한 번씩 지급할 시에, 세전금액 $5,769.23 지급.

- 한 달에 두 번씩 지급할 때는 세전금액 $6,250.0 지급.
  - 성과급: 최대 20% (최대 연 $30,000)
    - 개인 성과(8%)와 회사 성과(12%)가 합쳐진 구조로서, 2025년에 본인의 성과가 아주 훌륭했더라도 회사의 성과가 저조했다면 최대 %을 받지 못하도록 설계가 되어 있습니다.
    - 만약에 개인 성과와 회사 성과가 모두 어중간했다면, 10% 정도의 보너스를 기대할 수도 있습니다.
    - 회사마다 개인성과와 회사성과의 비율이 다르니, 면접과정에서 물어보시는 것이 좋습니다. 대개 전화 인터뷰 과정에서 HR에게 직접 물어보는 게 가장 무난합니다.

많은 회사들이 여기에 물가상승률을 고려하여 매년 3% 정도를 계속 인상해줍니다. 그리고 여기에 성과 등급에 따라서 추가로 최대 5%~10%까지의 인상을 기대할 수도 있습니다. 어떤 회사는 물가상승에 대한 연봉 보전조차도 해주지 않으니, 새로운 직장생활을 시작하기 전에 열심히 알아보시는 것이 좋을 듯합니다.

실수령 금액은?

한국에서도 그렇지만, 미국도 이것저것 떼어가는 것이 상당히 많은데, 가장 중요한 것은 Taxable Income을 가능한 낮추는 것입니다. 왜냐하면 Taxable Income을 기준으로 해서 최종 세율이 정해지고, 연간 월급에서 공제된 세금이 최종 세율을 적용한 금액보다 많으면 차액을 돌려받고, 그 반대의 경우라면 세금을 추가로 내야 하는 일이 생기는 것입니다.

Total Gross Income − Adjustments − Deductions = Taxable Income

- Gross Income: 말 그대로 세금이 징수되기 이전의 금액이며, 대부분 연봉에 추가소득(부동산 월세, 주식, 부업, 등)이 합산됩니다.
- Adjustments: 추가로 공제가 가능한 몇몇 항목들을 일컬으며, 주로 다음과 같습니다.
  - Traditional IRA
  - 연방정부 학자금 대출 이자
  - HSA(Health Saving Account)
  - Alimony(이혼 수당)
- Deductions: 공제 항목인데, Standard Deduction을 선택하면, 싱글의 경우 $14,600 그리고, 배우자와 같이 세금 보고를 하는(Married Filing Jointly)의 경우에는 $29,000을 그냥 공제해줍니다. 여기서, 표준 공제를 선택하지 않고 본인이 공제항목을 일일이 집어넣어서 할 수도 있는데, 웬만한 사람들은 그냥 표준공제를 선택하는 것이 훨씬 이득입니다. 이 공제금액은 매년 달라지며, 미국 국세청에서 확인을 할 수 있습니다.

예를 들어서, 세전 소득이 $150,000 그리고 Adjustments가 $30,000이고 표준공제를 통해서 $29,000을 추가로 공제받는다면, Taxable Income은 $91,000.0가 되어서, 세율은 22%에서 12%로 줄어들어서 많은 세금을 다시 돌려받게 됩니다. 그리고 주 소득세도 이에 연동되어서 줄어들게 됩니다.

연방 소득세

현재 싱글인 경우, 소득세율은 아래와 같습니다. (2025년 기준)

Tax Rate	Taxable Income Bracket, Single	Tax Liability, Single
10%	$0~$11,925	10% of taxable income under $11,926
12%	$11,926~$48,475	$1,193 + 12% of income from $11,926~$48,475
22%	$48,476~$103,350	$5,579 + 22% of income from $48,476~$103,350
24%	$103,351~$197,300	$17,651 + 24% of income from $103,351~$197,300
32%	$197,301~$250,525	$40,199 + 32% of income from $197,301~$250,525
35%	$250,526~$626,350	$57,231 + 35% of income from $250,526~$626,350
37%	$626,351+	$188,770 + 37% of income above $626,350

그리고 부부가 같이 소득을 합산하여 세금 신고를 할 경우에는 세율의 차이가 또 달라집니다.

Tax Rate	Taxable Income Bracket, Married Filing Jointly	Tax Liability, Married Filing Jointly
10%	$0~$23,850	10% of taxable income under $23,851
12%	$23,851~$96,950	$2,385 + 12% of income from $23,851~$96,950
22%	$96,951~$206,700	$11,157 + 22% of income from $96,951~$206,700
24%	$206,701~$394,600	$35,302 + 24% of income from $206,701~$394,600
32%	$394,601~$501,050	$80,398 + 32% of income from $394,601~$501,050
35%	$501,051~$751,600	$114,462 + 35% of income from $501,051~$751,600
37%	$751,601+	$202,155 + 37% of income above $751,600

주 소득세

현재 거주 중인 일리노이주는 Net Income의 4.95%를 일률적으로 적용하여 세금을 징수하고 있습니다.

사회보장 연금(Social Security)

고용주가 6.2% 그리고 피고용인이 6.2%를 부담하도록 되어 있으며, 개인사업자는 12.4%를 부담합니다.

의료보험

회사에서 제공해주는 사보험의 종류가 워낙 다양하기 때문에 어느 정도의 금액이라고 딱 말하기 어려우나, 대략 1달에 약 $400~$500 정도를 지불한다고 생각하시면 될 겁니다. 흔히 말하는 미국의 빅테크는 의료보험의 대부분을 회사에서 지불하기 때문에, 본인 부담금이 굉장히 낮은 경우가 많으며 자영업을 하는 경우에는 반대로 이를 전부 혼자 부담해야 하기 때문에 의료비 부담이 상당합니다.

401K

미국의 대표적인 은퇴계좌로서 고용주를 통해서만 가입할 수 있는 프로그램입니다. 401K라고 불리우는 이유는 미국 국세청(IRS – Internal Revenue Service)의 Code 401K에 해당 사항이 규정 되어 있기 때문입니다. 2025년 현재는 만 50세 이하는 연 $23,500까지 불입할 수 있으며, 50세 이상은 여기에 추가로 연 $7,500을 불입할 수 있게 해줍니다. 이 금액은 어디까지나 본인이 불입하는 금액에 대한 한도이고, 고용주가 추가로 불입하는 금액은 여기에 해당하지 않습니다.

많은 미국의 대기업들은 5% ~10% 정도까지 Match를 해주는데, 이것이 무슨 뜻이냐 하면, 본인이 연봉의 5%를 401K에 불입하면 회사에서 추가로 5%를 불입해서 연봉의 총 10%를 은퇴계좌에 넣을 수가 있는 것입니다(401K Match가 높으면 높을수록 오래 다녀야 하는 회사입니다. 회삿돈으로 은퇴준비를 할 수 있으니까요). 그리고 회사마다 은퇴계좌를 관리하는 자산관리회사들이 다른데, 대표적인 3 대장은 바로 Vanguard, Fidelity 과 Charles Schwab이 있습니다. 많은 기업들이 이미 선호하는 자산관리회사에 은퇴계좌들을 맡기고 있기에, 개인이 선택할 수 있는 권한은 없습니다. 만약에 중간에 이직을 하게 된다면, 새로운 회사에서 제공하는 401K 계좌로 모든 금액을 이동시켜서 계속 불입을 할 수 있으니, 너무 걱정하지 않으셔도 됩니다.

이 은퇴계좌의 핵심은 바로 Tax Deferred라는 것인데, 이는 불입금에 대한 소득세를 지금은 면제해주고, 나중에 은퇴해서 금액을 불출할 때에 소득세를 물린다는 개념입니다. 62.5세가 되기 전에 불출을 하면 페널티 10%에, 이전까지 지불하지 않은 소득세를 한 번에 지불해야 하기 때문에 굉장히 조심해야 합니다.

예를 들어서, 세전 연봉이 $100,000이라고 가정해보겠습니다. 여기에 연 최대 납입 금액인 $23,500을 불입하면, 실제로 세금이 물리는 Taxable Income은 바로 $76,500으로 낮아져서, 더 낮은 세율을 적용받을 수 있는 여지가 생기는 것입니다. 반대로 불입된 금액은 펀드나 ETF 등에 투자가 되어서 나중에 $2,000,000 이상으로 불어난다면 이야기가 달라집니다. 이 금액을 매년 $70,000씩 불출을 할 경우에, 이 금액($70,000)에 대한 소득세를 향후 내야 하는 것입니다.

즉, 401K의 핵심은 당장의 소득세를 낮추어 주지만 결국 은퇴 후에 언젠가는 내야 하는 것입니다. 이와 반대로 세후 금액을 투자하여 얻은 이익에 대한 소득세를 면제해주는 은퇴계좌(IRA)도 존재하는 데, 이는 세전 금액에서 차감 되는 구조가 아니라서 여기서는 포함하지 않았습니다.

HSA(Health Saving Account)

의료비로만 사용할 수 있는 전용 계좌라고 생각을 하시면 되는데, 이를 허용해주는 의료보험들이 High Deductible Health Plan(HDHP)입니다. 이 플랜을 가져야지만 이 의료비 전용계좌를 사용할 수가 있습니다.

작동 방식은 401K와 거의 동일하고 여기에 불입되는 금액은 세금이 면제되며 개인(싱글)의 불입한도는 2026년에 $4,400이고 가족 기준으로는 $8,750입니다. 마찬가지로 여기에 불입되는 금액은 Taxable Income을 낮추어 주며, 불입되어 있는 금액이 많은 경우에는 플랜에서 제공하는 펀드 등에 투자하여 자금을 불릴 수도 있게 설계되어 있습니다. 다만, 의료목적이 아닌 경우에는 사용이 불가능하며, 중간에 불출을 할 경우에도 페널티와 그동안 내지 않은 소득세 폭탄을 맞도록 되어 있습니다.

그래서 미국에서의 실수령 금액을 정말로 사람마다 다릅니다. 어떤 사람은 401K, HSA를 한도까지 불입하여, 실수령 금액이 상당히 낮아지게 하기도 하고, 반대로 어떤 사람은 401K와 HSA 등을 최저한도로만 불입하여 당장 수령하는 금액이 많아지도록 조정을 하기도 합니다.

인사평가

인사평가는 어느 나라에서나 상당히 민감하고 중요한 주제이고, 본인의 연봉에 아주 큰 영향을 끼치는 요소입니다. 제가 재직해본 미국의 대기업, 공기업들은 피고용인으로부터 불필요한 소송을 피하기 위해서 상당히 잘 짜인 인사 평가체계를 갖추고 있습니다. 워낙 소송도 많을뿐더러 차별이나 불합리 같은 요소가 들어가면 심각한 책임문제가 되기 때문에 더더욱 그렇습니다.

제가 겪은 평가 경험들이 모든 인사평가를 일반화하지는 않지만, 조금 언급을 하자면 다음의 순서를 대체적으로 따릅니다.

Self-Assessment(본인 평가)

연초에 작성한 본인의 목표에 대한 자기 스스로의 평가를 진행하는데, 본인의 목표는 당연히 개인마다 조금씩 다르며, 성취도를 5단계로 구분하여 매우 동의함, 동의함, 보통, 비동의함, 매우 비동의함의 자체 평가를 매기게 됩니다.

회사 / 비즈니스와 관련된 목표

- 본인이 진행 중인 프로젝트의 기한 및 예산 준수

- Best Practice 작성 및 회사 내 전파 교육
- Lessons and Learns를 작성하고 회사 내 전파 교육
- 팀 내 직원의 Overhead 최소화 등

개인과 관련된 목표

- 자격증이나 학위 취득 등.

그리고 각 해당 항목에 대해서 최대한 자세하고 상세하게 어느 정도 완료가 되었는지를 작성하고, 이를 본인의 매니저에게 넘겨주는데, 저는 매니저에게 넘기기 전에 제가 회사에 기여한 정도를 최대한 통화가치로 환산하여 보여주며 이를 바탕으로 연봉의 인상을 요구합니다. 대개 15%~20%의 인상을 요구하는데, 실제로 받아들여지는 것은 당연히 요구사항보다는 낮게 산정됩니다. 하지만 본인의 기여도를 매니저에게 알려주는 행위는 매우 중요한데, 매니저는 제가 하는 모든 것을 알지는 못하기 때문에 그렇습니다. 그리고 매니저가 관리하는 인원이 저 혼자인 것도 아니기에 저의 기여도에 대해서 지속적으로 알려줄 필요가 있습니다.

한국에서라면 '회사에서 어련히 알아서 해주겠지.'라고 생각하고 오히려 자기의 기여도에 대해서 알리는 것을 안 좋게 볼 수도 있지만, 미국에서는 조용히 하고 있으면 그 누구도 신경을 써주지 않습니다. 한국 속담에도 있듯이 떡 하나 더 받아먹으려면 계속해서 울어야 합니다.

제가 작성한 회사에 대한 기여도의 예는 다음과 같습니다.

- ABC123회사와의 연간 유지보수 계약 Invoice를 전수 확인한
  이후에, 계약에 이미 포함되어 있는 사항이 중복청구된 것을
  발견하여 $25,000을 환수함.
- 에너지 절약 프로젝트를 진행
    - 증기계통에서 Pressure Reducing Valve의 과도한
      사용을 알아내고, 이를 작은 증기터빈으로 대체하여
      연간 25,000,000 KWH의 발전량을 추가로 확보하고,
      연간 $2,000,000의 전기 사용요금을 절약함.
    - 공기압축기의 운전, 압력을 최적화하여 연간 전기요금
      $150,000을 절약함.

여기서 중요한 것은, 이 모든 Saving과 가치 창출에 대해서 공정
하고, 객관적인 자료가 기반이 되어야 한다는 것입니다. 그냥 본인이
아무리 우기는 것은 아무런 도움도 되지 않습니다.

여기에다가 매니저 본인이 보고 느낀 것을 바탕으로, 각 항목에
대한 독립된 평가를 추가로 작성하게 됩니다. 그리고 360 Degree
Feedback이라는 평판에 대한 조사가 추가로 들어갈 수도 있고, 아
니면 그냥 매니저의 상급자에게 보고하고 연봉 상승률을 결정하기도
합니다.

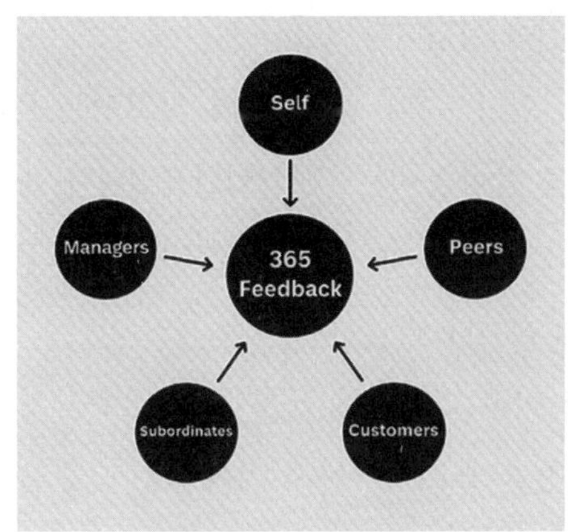

출처: Microsoft CoPilot

360 Degree Feedback은 단순히 매니저로부터의 평가가 아닌, 동료로부터의 평가, 그리고 하급자로부터의 평가가 포함됩니다. 그래서 전방향으로부터의 평가가 반영되어 성과를 판단하게 되는 것입니다. 현 직장은 대놓고 본인의 평판을 물어볼 수 있는 회사 내에 직원 5명의 이름을 제출하라고 합니다. 대개는 나에게 우호적인 평을 해줄 수 있는 사람들의 이름을 주지만, 본인의 평가가 안 좋은 경우에는 5명을 찾기가 어려울 수도 있습니다. 그리고 매니저가 5명 모두에게 연락하여 피드백을 받을 수도, 아니면 몇 명에게만 선택적으로 연락을 할 수도 있습니다. 또한 이메일로만 피드백을 받을 수도 있고, 직접 화상 회의를 통해서 할 수도 있습니다. 당연하게도 피드백은 인사자료에 정리가 되어, 그 해에 평가 자료로 사용됩니다.

다양한 방법을 통해서 근로자의 성과를 평가하고, 이에 대한 보상이 결정되면, 결과는 본인에게 대면 과정에서 '통보'됩니다. 한국의 많은 분들이 생각하시는 것 중에 하나가 미국에서는 연봉 협상이 자유

롭다는 것인데, 전혀 아닙니다.

예를 들어서 본인이 '슈퍼 갑'이 되지 않고서는, 웬만하면 위에서 정해준 대로 그냥 받아들이는 것이 일반적입니다. 노벨상을 탈 정도로 뛰어난 인재가 아닌 이상, 평범한 엔지니어는 그냥 주는 대로 받아들일 수밖에 없습니다.

그렇기 때문에 미국 기업에서 근무를 하신다면, 항상 본인이 얼마나 회사의 이익 창출에 기여하는지 기록하는 습관을 들이면 큰 도움이 될 것입니다.

나의 평판

조직생활에서 평판은 굉장히 중요합니다. 한국에서 군생활하신 분들은 아마 아실 겁니다. 신병이 전입 온 지 얼마 안 되어, "신병이 군기가 빠졌다." 등의 말이 얼마나 빠르게 부대 내에서 퍼져 나가는지 말입니다. 그리고 그 평판은 한동안 그 신병을 괴롭힐 겁니다.

회사에서도 마찬가지입니다.

- 어느 부서의 A 씨와는 같이 일을 하기가 힘들더라.
- 어느 부서의 C 씨는 굉장히 똑똑하고, 일머리가 좋아서 다음에도 같이 일하고 싶다.
- 아, 김아무개 씨가 한 일이라면, 문제가 없을 것이라고 믿을 수 있다.

그리고 이 평판은 굉장히 중요합니다. 왜냐하면, 궁극적으로 나의 평판이 그 해에 나의 성과지표에 반영이 되기 때문입니다. 제가 겪었던 많은 회사들이 직, 간접적으로 평판을 직원 평가에 반영을 하고 있고 이는 각 직원에게 서로를 존중하고 이해하도록 자발적으로 또는 강제적으로 받아들이고 유지하도록 해줍니다.

또한 미국의 직장 상사들은 회사 내부직원들에게 거리낌없이 자기 팀원에 대한 피드백을 수시로 물어보고 여기서 피드백이 안 좋은 사람들은 거의 대부분 6개월~1년 내로 조용히 사라지는 경우를 많이 보았습니다. 여기서 하나 궁금한 점이 있으실 겁니다.

얼마나 정직하게 피드백을 제공하여야 하는가?

상당히 정치적인 질문입니다. 회사에 진정으로 도움이 안 되는 직원(Bad Apples)들은 어디에나 있고, 이들이 발생시키는 온갖 문제, 두통을 일으키는 문제들은 가능하면 빨리 치우는 게 좋습니다.

하지만 되도록이면 적을 만들지 말아야 하기 때문에 최대한 긍정적인 피드백을 제공하되, 부정적인 피드백을 주고 싶다면 개인적인 감정은 배제한 채 아주 절제된 단어와 톤을 사용하는 것이 중요합니다. 그리고 진정한 비밀은 없다고, 언젠가는 내용이 새어나가게 되어 있다는 것을 잊지 마시기 바랍니다.

예를 들어서,

John Doe는 항상 밝고, 긍정적인 분위기를 가져다주며, 다른 사람들을 도우려고 하는 자세가 굉장히 좋다. 간혹 부적절한 의사소통이 발생하는 경우가 있었는데, 이로 인한 업무의 비효율이 상당하다. 그가 의사소통을 획기적으로 개선할 수 있다면(더 자주, 더 적절하게), 그가 향후 승진을 하거나 더 어려운 일을 맡았을 때 도움이 될 것이라고 생각한다.

이 정도의 단어를 사용해서 매우 절제된 톤으로 이야기를 한다면, 상대방 역시 진정한 의미를 빨리 알아듣습니다. 또는, 아예 강경하게 작성할 수도 있습니다.

> Jane Doe는 업무를 수행함에 있어서 상당한 부적격함을 보여주었는데, 특히 안전관리에 대한 이해도가 심각하게 낮으며, 여러 번의 반복적인 교육과 언급을 하였음에도 고쳐지지 않고 있다. 또한 업무수행을 위한 필수적인 지식수준에 도달하지 않아서, 다른 직원들의 생산성 역시 영향을 받고 있어서, 이 직원에 대한 신속한 조치가 필요하다고 여겨진다.

생산시설에서 안전사고는 반드시 피해야 하는 사고이기 때문에, 안전 관련해서 미흡한 사항이 반복적으로 보고되면, 그 사람을 그냥 바로 해고시키는 것이 더 낫습니다. 안전 관련해서 지속적인 위반을 하는 사람들은 결국에 안전사고에 휘말릴 가능성이 높고, 이런 경우에는 거의 100% 사망사고로 연결되기 때문입니다.

만약에 실제로 직원 부주의로 사망사고가 발생했는데, 여러분이라면 장례식에 가서 뭐라고 말씀을 하실 건가요?

"아, 사망한 우리 직원 아무개 씨는 사실, 안전수칙을 미준수해서 사망하였습니다. 안전수칙을 준수했다면 지금까지 살아있을 텐데, 고인의 명복을 빕니다."

굉장히 힘든 시간을 보내고 슬픔에 잠겨있을 고인의 가족들에게 이렇게 말씀하실 수 있으십니까? 그 누구도 절대로 못합니다. 그래서 미국의 생산현장에서는 "차라리 직원의 장례식에 가느니, 그 사람을 아예 해고시키는 것이 낫다."라는 말을 합니다. 아예 해고를 시키면 적어도 그 직원은 아직까지 건강하게 살아있을 것이기 때문입니다.

승진(Promotion)

제가 한국에서 재직했던 직장은 공기업 계열이었기 때문에, 연공서열과 호봉이 승진에 상당한 영향을 미쳤습니다.
- 입사하면 사원
- 4년 근속 이후 대리 진급(거의 100% 진급)
- 그리고 4년 근속 이후에 과장 진급 대상(별문제가 없으면)
- 4년 후에 차장 진급 대상(이때부터 성과/정치가 상당한 영향)
- 4년 후에 부장 진급 대상

이러한 식으로 진급대상으로 고려되기 위해서는 최저 근무연한을 채워야만 했습니다. 하지만 미국 회사들은 많이 다르고 최저 근무연한은 아예 없으며, 본인의 능력이 된다면 그야말로 초고속 승진을 하는 것도 가능합니다.

각 회사마다 직급체계가 많이 다르지만, 제가 겪어본 식품/제조업 계열의 회사들은 엔지니어 트랙에 대개 다음과 같은 체계를 갖추고 있습니다.

- Engineer 1

- Engineer 2

- Engineer 3

- Senior Engineer

- Principal Engineer

Engineer 1~3까지는 본인이 아주 특출나지 않다면 적절한 근무 기간이 지나고 성과가 무난하면, 시간이 지남에 따라서 승진이 됩니다. 하지만 다음 단계까지 필요한 승진 연한이 정해져 있지 않고, 매니저의 개인 기준에 따라서 조금씩 달라질 수 있으며, 일반적으로 승진할 때는 대개 5%~10% 정도의 기본급 인상이 같이 주어집니다. 하지만 그 이상부터는 진급을 하기 위해서는 해당 포지션에 지원을 해야만 합니다.

예를 들어서, 새로운 시니어 엔지니어 포지션이 생겼는데, 본인이 해당 포지션에 지원을 하지 않고서 "위에서 알아서 진급을 시켜주겠지?"라고 생각을 하면 그 어떠한 일도 벌어지지 않습니다. 우는 아이 떡 하나 더 준다는 한국 속담처럼, 미국 직장생활에서는 본인이 나 잘났다고 열심히 자기 자랑을 해야만 위에서 잘 챙겨줍니다.

그 외에도 승진을 하고 싶거나 연봉 인상을 기대하고 싶으면, 회사 내부 공채에 꾸준히 계속 지원을 해서 올라가는 것이 가장 빠른 길이 될 수 있습니다. 대개 내부 이직을 할 때 최소 5% 이상의 연봉 인상을 받기 때문에, 미국의 한 회사에 장기간 근속하는 사람들은 많은 경우 2년에서 3년에 한 번씩 내부적으로 잦은 이직을 거칩니다.

그리고 Engineer 3 이상부터 능력이 되면 매니저 트랙으로 넘어갈 수도 있는데 매니저가 된다는 것은 바로 직속 팀원들이 생긴다는 것을 의미합니다.

- Manager
- Regional Manager
- Director
- Senior Director
- Vice President
- Senior Vice President

팀의 크기는 회사마다 다르지만 대개 최대 10명을 넘기지는 않습니다. 왜냐하면 밑에 직원이 많아질수록, 인사업무에 투자해야 하는 시간이 기하급수적으로 많아지기 때문입니다. 효율적인 시간, 인사 관리를 위해서는 적절한 선에서 팀의 크기를 조절하는 것이 좋은데, 저 개인적으로는 6명에서 8명 사이가 가장 적당하다고 생각합니다. 이보다 팀이 커지면, 각 팀원에게 투자할 수 있는 시간이 너무 많이 들어가고, 제 본연의 업무를 할 시간이 너무 줄어듭니다. 그런고로 야근은 당연히 매일하고, 주말에도 일을 해야 합니다.

또한 상당히 젊은 30대 후반~40대 초반의 매니저 밑에 경력이 많은 50대 엔지니어들이 있는 경우도 매우 흔합니다. 한국에서는 나이에 대한 관념이 상당히 중요해서, 나이가 어린 매니저 밑에서 일하는 것이 상당히 굴욕으로 여겨지지만 미국에서는 쉽게 찾아 볼 수 있는 것이 다릅니다.

엔지니어 트랙의 끝판왕인 Principal Engineer 정도 되면 웬만한 Director 정도 되는 연봉을 받기 때문에 급여에 대한 만족도가 상당할 뿐더러, 인사에 대한 책임을 져야 할 일도 없기에 오히려 엔지니어로만 머무르려는 사람들도 흔합니다. 매니저가 되면 정치도 해야 하고 인사업무도 해야 할 뿐만 아니라 업무강도가 꽤나 높아지면서 성과에 대한 압박이 거세지기 때문에 엔지니어로 지내면서 정년까지 직장에 오래 붙어있으려는 사람들도 많습니다.

한 직장에서 오래? 아니면 이직?

흔히 미국에 대해서 생각을 할 때, 미국은 해고가 굉장히 쉬운 나라이며 이직 역시 아주 많이 하는 나라라고 생각을 하시는데 아주 맞는 말입니다.

미국에서의 고용은 대부분 At-will이라고 하는데 한국에서는 임의 고용계약 또는 자유 고용계약 등으로 알려져 있습니다. 임의 고용계약은 근로자나 고용주 어느 한쪽에서, 특별한 사유 없이 언제든지 고용계약을 철회할 수 있는 제도입니다. 다시 말해서, 제가 D회사에 10년째 근속을 하면서 많은 성과를 이뤘어도 그냥 아무 이유 없이 해고될 수 있다는 것이 바로 임의 고용계약의 핵심입니다. 그래서인지 많은 한국분들이 미국에 대한 취업을 생각할 때, 상당한 공포심을 갖는 요인이 되기도 합니다.

그렇지만 실제로 아무런 이유없이 해고하는 일은 쉽게 벌어지지 않습니다. 퍼포먼스가 이유인 Termination이나 회사 경영 상황에 따라서 이루어지는 Layoff는 회사의 리더십과 인사부서(Human Resource)를 통해서 이루어져야 하기 때문에, 내 직장상사가 순간 화가 난다고 해서 밑에 부하직원을 바로 고용을 해지할 수는 없습니다. 회사 내에 시스템이 그렇게 짜여 있기 때문입니다.

또한, 누구를 해고한다면 인력의 공백으로 인한 업무의 비효율화가 발생하고, 새로운 인력을 충원하기 위해서 채용공고를 내고, 면접을 보는 등의 추가적인 노력과 비용이 필요합니다. 그래서 모든 것을 따져보았을 때 결국에는 근속기간을 늘리는 것이 정답이라 미국 기업들 역시도 '임의 고용계약'을 필요한 경우가 아니면 함부로 사용하지 않습니다.

자 그러면, 한 회사에 충성을 다하는 것이 좋을까요 아니면 잦은 이직을 통해 연봉을 최대한 올리는 것이 좋을까요? 한 곳에 길게 머무르면 대부분 인플레이션을 커버할 정도의 연봉 인상(약 3%)과 퍼포먼스에 따른 연봉 인상을 1~5% 정도 추가로 예상할 수 있습니다. 하지만 이직을 하면서 예상되는 연봉 인상 폭(10%~20%)이 상당히 높은 것은 사실입니다.

경력 연수를 기준으로 따져본다면, 사회생활 초창기에 한창 경력을 쌓기 시작할 때에는 이직을 통해서 연봉을 높이는 것이 상대적으로 쉽습니다. 하지만 연봉이 올라가고, 직책이 올라가면서 이직을 하는 것이 점점 어려워집니다.

예를 들어서,

초봉 $80,000의 신입사원이 2년 근무 후에 이직하여 연봉을 $100,000로 올렸습니다. 연봉이 2만불(25%)이나 올랐으니 아주 좋은 일입니다. 하지만 연봉 $180,000의 매니저가 이직하여 연봉 $200,000 얻는 것은 상대적으로 어렵습니다. 왜냐하면 해당 연봉대의 취업시장은 아주 좁고 경쟁률도 높을뿐더러, 다른 요소들이 상당한 영향을 미치는데, 특히, 가족이 그렇습니다. 매니저가 될 나이대에는 이미 자녀들이 초등학교, 중학교를 다니고 있기 때문에, 아이들을 중간에 학교에서 빼내어 새로운 지역으로 이동하는 것이 쉽지 않습니다. 그리고 이미 재정적으로 어느 정도 안정적인 상황이기 때문에, 무조건 돈만 보고서 움직이기는 더더욱 곤란한 면이 있습니다.

그래서 열심히 머리를 굴려보면,

- 이직을 하려면 새로운 지역으로 이사를 가야하는데

    - 아이들이 새로운 학교에서 과연 행복할 것인가?

    - 아이들이 새로운 지역에 잘 적응할 수 있을까?

    - 배우자가 그 지역에 새로운 직장을 얻을 수 있을까?

- 집도 새로 사야 하는데, 주거비가 더 비쌀 것 같다.

- 그리고 결정적으로, 'The grass is not always greener on the other side.'

    - 반대편의 풀이 항상 푸르지는 않다. (즉, 남의 떡이 커 보인다)

    - 막상 이직을 했는데, '어! 생각했던 것과 너무 다른데? 아 괜히 왔다.'라는 후회를 할 수도 있습니다. 제가 예전에 연봉만 보고서 이직을 했다가, 뼈저리게 후회하고 나서야 정말 가슴 깊이 새긴 말입니다.

    - 실제로 이직한 회사에 새로 적응을 하는 과정에서, '아,

이게 아닌데.'라는 생각이 들었다면, 당신은 이미 늦었습니다. 적어도 2~3년은 근무를 하거나 바로 퇴사를 해야만, 다음 직장으로 탈출하실 수 있을 겁니다.

그래서 '과연 $20,000.0의 추가 수입을 위해서, 이 모든 것을 감내할 가치가 있는가?'라는 질문을 던져 볼 때, 대부분의 경우에 답은 아닙니다.'라는 결론을 얻습니다.

또한 잦은 이직 경력은 본인의 커리어에 결코 좋지 않습니다. 왜냐하면 꼭 필요할 때 이직을 하려고 하는데, 그동안 쌓아 온 철새 경력이 있다면 채용하는 사람 입장에서도 상당히 부담이 됩니다.

'아, 이 사람은 거의 매 2년마다 이직을 했네? 뽑으면 또 2년 있다가 나가는 것이 아닌가?'라는 생각을 할 수밖에 없고, 많은 경우에 채용 과정에서 안 좋은 영향을 미치게 됩니다.

그래서 연봉이 높아지고 나면 현실적으로 조금 더 높은 연봉을 위해서 모든 가족을 새로운 지역으로 옮기고, 새로 시작하는 것이 어렵기 때문에 이때부터는 대부분 회사 내부 이직/승진을 적극적으로 노리게 됩니다. 다만 회사의 내부 이직이나 승진에서는 본인의 평판, 어느 정도의 정치 그리고 자기 홍보가 아주 중요해지는 점이 많이 다릅니다.

구조조정(Layoff)

자, 이제는 가능하면 한곳의 직장에서 오래 다니고 싶지만, 모든 기업들이 경기의 영향을 심하게 받습니다. 그리고 한국의 기업들도 마찬가지이겠지만, 미국의 대기업들 역시 구조조정을 수시로 진행합니다. 아마도 Layoff와 Termination이 한국어에서는 둘 다 '해고'로 번역되는 관계로 좀 헷갈릴 수가 있겠지만, Layoff는 개인의 Performance가 낮아서 해고를 당하는 것과는 다릅니다. 이는 순수하고 Business 측면에서, 비용의 효율성을 제고하기 위해서 회사의 구조를 재조정 할 때 많이 발생합니다.

예를 들어서

미국의 컴퓨터 제조업체인 델(Dell)에서, 개인 컴퓨터 시장의 침체와 경쟁의 심화로 인해서 수익이 줄어드는 상황에서 Fixed Cost(고정비용)을 줄이기 위해서 구조조정을 한다고 합시다. 이 때에 관리자들은 개개인의 능력, Performance에 관심을 크게 두지 않습니다.

그저 부서를 통폐합함으로써 중복되는 잉여 인력들을 내보내는 것이 큰 관심을 둡니다. 그래서 Layoff 상황에서는 본인의 능력과 성과에 상관없이 그냥 회사 직원1, 직원2, 직원3, 일 뿐입니다. 하지만 그나마 다행(?)이라고 할 수 있는 것은, Layoff의 경우에는 매우 흔하고 또 본인의 성과지표와는 무관하다는 것을 모두 다 알기에 향후 재취업에 있어서 큰 문제가 되지 않는다는 점입니다.

앞에서 이미 언급했다시피, 미국에서 이직을 할 때는 Background Check이라는 것을 하는데, 이때 마지막 직장에서 어떠한 이유로 퇴직을 하였는지 무조건 조사를 합니다. 여기서 결과가 Layoff면 아무런 문제가 없지만, Termination 이라면 결격사유가 될 수도 있습니다. 왜냐하면 Termination의 경우에는 대개 심각한 안전 위반, 비윤리적 사유 또는 심각하게 낮은 성과 등이 동반되기 때문에 결함이 있는 사람을 고용하게 되는 것이나 마찬가지인 셈입니다. 만약에 Termination이 되었다면 추후 다른 회사의 면접 과정에서 해당 내용을 미리 알려주고, 최대한 잘 준비하는 것이 중요합니다.

일반적으로 구조조정 전에는 알려진 몇 가지 징후가 있습니다. 3개월마다 진행되는 회사 최고 경영자 또는 고위진의 Townhall에서 지속적으로 '효율성', 'Value Creation(가치 창출)', 'Cost Saving(비용 절감)', 'Productivity(생산성)' 등이 언급이 된다면, 이는 하나의 징조라고 볼 수 있습니다. 그리고 만약에 내가 그 당사자라면, 어느 날 갑자기 회의 참가 요청을 받게 될 텐데, 여기에 참여자는 나의 직속 상사와 인사과 사람이라면, 이는 거의 100% 확실한 신호입니다.

회사마다 다르고, 근속연수마다 다르지만, 제가 경험했던 회사들은 대개 2~3개월 치의 급여와 해당 기간 동안의 의료보험 등을 제공해줍니다. 아니면, 근속연수 곱하기 1주일 급여라는 공식을 통해서 얼마나 상여금(?)을 받을지 알 수도 있습니다. 또한 레이오프는 비자발적 퇴사이기 때문에, 거주하는 주(State)에서 실업급여를 받을 수도 있습니다.

미국에서 새로운 직장을 구하기 위해서는 아무리 빠르더라도 최소 2개월 정도가 걸리기 때문에, 만약에 레이오프를 당한다면 정말 스트레스가 클 것입니다. 미국에 거주하시는 많은 한국분들은 대개 맞벌이가 아닌 Single Income이 대부분이기 때문에, 잠시 동안이라도 가계가 휘청할 가능성이 큽니다.

만약에 영주권자가 아닌 취업비자(H1B)의 소유자라면, 퇴사 이후에 최대 60일까지의 Grace Period가 주어집니다. 만약에 이 기한 내에 일자리를 찾지 못한다면, 본국으로 귀국을 해야할 것이고 귀국하지 못한다면 그때부터는 불법체류의 기간으로 산정이 시작됩니다.

퇴사하는 방법

한국에서의 일반적인 퇴사는 1달 전에 미리 언질을 주는 것이지만, 특별히 고용계약서에 무언가 적혀있지 않다면 미국에서는 2주 전에 언질을 주는 것이 일반적입니다. 하지만 퇴사를 하기 전에 정말로 회사를 좀 힘들게 하고 싶다면, At-Will 고용계약의 특성상 그냥 당일에 이야기를 해도 퇴사 처리는 가능합니다. 물론 당일에 퇴사 이야기를 하는 것은 불순한 그 의도가 뻔히 보이는 것이기 때문에, 나중에 현 직장으로 돌아오고 싶어도 절대로 돌아올 수가 없으며 영어표현에서는 Burn the bridge(다리를 불태우다)라고 이야기를 합니다.

퇴사를 하는 이유는 다양하지만, 연봉과 노동강도 그리고 가족관계가 대부분이며, 그 중에서도 연봉과 노동강도는 대개 함께 다닙니다.

"내가 일하는 것 대비 받는 연봉이 낮아서 연봉 15% 올려주는 곳으로 이직하려고 합니다."

"결혼을 하게 되었는데, 예비신부/신랑이 뉴욕에 좋은 일자리를 얻어서 같이 가려고 한다."

"부모님이 편찮으셔서, 가까이 살면서 더 많은 시간을 보내려고 한다."

등의 이유가 대부분이지만 간혹가다가 "매니저가 마음에 안 들어서 나간다."라는 폭탄을 던지는 직원도 있습니다.

퇴사를 통보하는 시간대는 딱히 정해진 법은 없으나 대개 아침에 출근하자마자 이야기를 하는 경우가 많았습니다. 매니저 입장에서는 팀원이 사무실로 걸어 들어오면서 "You got a minute?(잠시 시간 있어요?)" 하면서 사무실 문을 닫으면, 이거는 거의 100% 퇴사 통보를 하는 것이라고 보시면 됩니다. 그리고 미국에서 입사와 퇴사는 아주 자연스러운 현상이기 때문에 굳이 불쾌해하거나 기분 나빠 할 필요도 없습니다. 물론 본인과 퇴사하는 직원과의 사이가 안 좋았다면, 좀 걱정을 해야 할 필요가 있을 수도 있으나 평소에 사이도 좋았고 업무를 잘 진행하고 도와주던 사이라면 직원의 퇴사에 큰 의미를 둘 필요가 없습니다.

매니저에게 구두로 이야기를 하고 나서 이메일로 정식 통보를 해주면 퇴사 절차가 시작됩니다. 매니저가 왜 퇴사를 하는지 이것저것 물어볼 겁니다.
"연봉이 낮아서 옮기는 것인지?"
"다른 이유가 있어서 옮기는 것인지?"
"만약에 불만 사항을 지금 당장 처리할 수 있다면, 계속 회사에 다닐 의향이 있는지?"
등을 묻습니다.
저도 한번은 연봉 20% 인상 제안을 받아서, 다니던 직장에 퇴사 통보를 한 적이 있는데, 매니저가 전혀 예상치 못했다는 반응을 보이며 위의 질문들을 많이 물어보았습니다. 그래서 상당한 연봉 인상과 재택근무 제안을 받아서, 퇴사를 하려고 한다고 이야기를 해줬었는데, 고맙게도 제 매니저가 저는 꼭 잡아야 하는 자원이라면서 윗선에 보고를 했고, 결국에는 COO(Chief Operating Officer)까지 저의 퇴사 관련 내용이 올라가서 제가 받은 이직 제안에 매치되는 역제안(Counter Offer)이 승인된 적도 있었습니다.

Counter Offer를 받으면, 이제 회사에 남든지 아니면 원래 결정한 대로 퇴사를 하던지 결정을 해야 합니다. 우리가 예상할 수 있듯이 카운터 오퍼를 받아들여서 지금의 회사에 남더라도 주홍글씨가 새겨지는 것이라서 나중에 경기가 안 좋아지면 1순위로 정리가 될 가능성이 있을 수도 있고 아무래도 리스크가 좀 있는 편입니다. 그리고 연봉 인상을 미리 미리 해주었으면, 이직을 아예 생각하지 않았을 텐데, 퇴사하려니 그때서야 마지못해 인상 금액을 맞춰준다는 느낌을 받아서 좀 만족스럽지 못해서 원래 계획했던 데로 퇴사를 선택했습니다.

일반적인 2주 노티스로는 시간이 너무 부족하여 후임자를 절대로 구할 수가 없기 때문에, 그냥 업무 자료의 이관에 좀 더 중점을 두는 식으로 업무처리를 합니다. 군대에서 전역할 때처럼 친했던 동료들과 점심도 먹고 하면서 아쉬운 마음을 달래는 것이 대부분이고, 어차피 마음이 붕 떠서 업무가 잘 처리되지도 않습니다.

Exit Interview

퇴사하는 당일에 인사 부서의 담당자와 Exit Interview라는 것을

진행합니다. 이는 대개 회사에 아쉬웠던 점과 퇴사하는 이유를 알아
냄으로써 Turnover Rate(퇴사율)을 줄이고 장기근속률을 올리기 위
함입니다.

두 가지로 인터뷰를 진행할 수가 있는데, 정말로 솔직하게 이야기
를 다 꺼내 놓을 수도 있고 아니면 그냥 적당히 얼버무리면서 좋은
게 좋은 거다 하고 넘어갈 수도 있습니다.

자, 여기서 하나 아셔야 할 것은 이 Exit Interview의 자료는 본인
의 원래 매니저와 그 윗선까지 공유가 됩니다. 그래서 미주알고주알
서운했던 것을 모두 털어놓고, 감정적이 되어서 뒷담화로 들릴 수 있
는 말은 절대로 하지 마시기 바랍니다. 우리는 어디까지나 사적인 감
정 없이 비즈니스로 일을 하는 것이기 때문에, 어차피 퇴사하는 마
당에 굳이 남는 사람 혼내주겠다고 해봐야 서로 남는 게 크게 없습
니다. 그리고 업계는 정말로 좁아서 결국에는 돌고 돌아서 나에게 다
시 돌아오는 경우를 많이 보았습니다.

감정을 배제한 차분한 어조로 그리고 가능한 객관적으로 피드백을
제공하시되, 특정 개인에 대한 것 보다는 자신이 떠나는 이유에 대해
서만 언급을 하시면 되지 않을까 생각합니다. 나중에 본인에게 기회
가 올 수 있으므로 떠나는 회사에 좋고 긍정적인 감정을 남겨줘서 미
래에 대한 대비를 해야 합니다.

다시 돌아오고 싶다면

미국 회사에 있으면서, 몇 년 정도 다른 회사에 갔다가 다시 돌아
와서 근무하는 사람들을 상당히 많이 봅니다. 물론, 회사 생활을 잘

했으며 개인 성과 역시도 좋았다는 전제하여, 많은 미국 회사들이 다시 돌아오겠다는 인원들을 꽤 쉽게 받아주는 것도 인상적이었습니다. 하지만, 특히 퇴사할 때의 직속 상사와의 관계가 매우 중요합니다. 왜냐하면 전(前) 직원이 돌아오고 싶다고 회사에 입사 지원을 할 때, 첫 번째로 확인하는 것이 예전 직장 상사에게 연락하여 평판을 조사하는 것이기 때문입니다. 이때, 전(前) 직장 상사가 부정적인 의견을 피력한다면 아무래도 다시 돌아오기가 어려워집니다. 여기서 평판이 좋다면 당연히 인터뷰 등 모든 채용 절차를 정식으로 거쳐서, 다시 돌아오겠다는 사람들을 넓은 마음으로 다시 받아들입니다. 마찬가지로 Exit Interview때 남긴 피드백이 Unprofessional 했다면, 당연히 기회도 없을 수 있습니다.

Business Travel

어느 직장이나 마찬가지이지만, 비즈니스를 함에 있어서 출장은 필수 요소입니다. 다만 맡은 역할에 따라서 출장의 빈도가 정해집니다. 제 경험상으로는 미국 대기업의 Corporate Role(본사직)을 맡으면 출장 빈도가 급상승하는데 일, 업무 그리고 가정의 측면에서 보면 출장은 정말 좋지 않습니다. 가족들과 많은 시간을 보내도 부족할 판인데, 시간을 길에 쏟아야 하기 때문에, 어느 정도 가족들의 희생과 이해가 뒷받침 되어야 합니다.

그리고 일과 업무의 측면에서 이동시간은 잠재적으로 업무시간이 아닙니다. 공식적으로는 업무시간이지만, 비행기 타는 동안에 수없이 쌓이는 이메일 그리고 이동 중에 처리 못하는 업무는 결국 뒤로 밀리기 때문에 비행기에서 와이파이를 구매하여 일을 처리하든지 아니면 도착해서 호텔에서 밤을 불 태우게 되는 경우가 참 많습니다. 그래서 출장 지역이 가끔 관광지여도 시간을 내어서 이동하고 업무를 처리하느라 어디를 둘러볼 짬이 거의 없습니다.

그리고 미국은 지역별로 시차가 존재하기 때문에 지역을 이동할 경우 수면시간에 방해를 받아서 항상 피곤합니다. 중부에서. 동부로 가면 1시간이 빨라지고, 서부로 가면 2시간이 느려집니다. 그래서 초창기에는 출장 중에 시차에 혼동을 일으켜서 온라인 미팅을 놓치거나 아예 잊어먹는 일도 몇 번 있었는데 당연하게도 Professional하게 보이지는 않습니다.

일을 끝마치고 남는 시간에, 사람마다 다르지만, 어떤 사람은 바(Bar)를 찾아다니면서 지역의 와인이나 위스키를 즐기기도 하고, 예산의 한도 내에서 미식을 즐기기도 합니다. 저 역시 식사에는 진심인 편인데, Florida 지역에 가면 Gator Tail Bites(악어 꼬리를 작게 잘라서 튀긴 음식) 등을 시켜 먹고, Texas 에 가면 바베큐(Barbeque)를 시켜 먹는 등 가능하면 방문한 지역에서 유명한 음식은 한 번씩은 먹으려고 합니다. 일도 힘들고 쉽지 않은데 먹는 낙이라도 있어야 출장 생활을 버티기가 쉽습니다.

여기서 또 하나 정말 강조하고 싶은 것은 가능하면 취미를 찾으시라고 말을 하고 싶습니다. 취미가 없으면 스트레스를 풀기가 정말 어려워지고, 결국에는 다른 직장을 찾게 될 가능성이 있습니다. 한국이었다면 일을 마치고 직장 동료와 간단하게 술 한잔하면서 이야기를 하면서 풀겠지만, 미국은 남자들끼리 만나서 저녁을 먹는 게 그렇게 흔하지는 않아서 본인이 즐길 수 있는 취미를 찾는 것이 좋습니다.

저의 경우에는 달리기를 좋아해서 다른 지역에서 다른 풍경을 보면서 30분, 40분 정도 달리면서 스트레스를 풀고 있습니다. 제 동료 중에 1명은 취미로 호텔에서 그림을 그리기도 하고, 다른 1명은 소설을 쓰기도 하고, 아니면 꼭 낚싯대를 챙겨서 출장 다니는 사람도 있습니다. 각자에게 맞는 방식대로 스트레스를 풀면서 일을 합니다.

Job Description - 50% Travel

미국에서 각종 일자리에 지원을 하다 보면 Job Description(업무설명)에 Travel up to 50% 또는 up to 25% 등이 적혀있는 것을 보실 수 있는데 이는 업무를 하면서 필요한 출장의 빈도를 나타냅니다. 50%는 말 그대로 1년에 최대 50%. 즉, 6개월까지 출장을 갈 수 있다는 말입니다. 정확하게 이야기를 한다면 Working Day의 50%를 길에서 보낸다는 것입니다. 특히 중요한 것은 여기서 Minimum(최소) 50%인지 아니면 up to(최대) 50%인지에 따라서 최소 6개월인지 아니면 최대 6개월인지가 결정됩니다. 물론 회사의 여건과 그때그때의 프로젝트 환경에 따라서 출장이 더 많아질 수도 있습니다.

50% Travel - MS CoPilot

제가 겪어본 바에 따르면, 대기업이고, 지사, 공장이 많을수록. 그리고 직책이 높을수록 출장이 많을 확률이 높습니다. 그리고 본인이 맡은 직책에 따라서도 업무의 중요도와 출장의 빈도가 많이 달라집니다.

회사마다 다른 면이 있지만 한 지역의 공장(Facility)에서만 근무하면 Local Role이라고 하고, Pacific Coast, Midwest, 등의 지역을 담당하면 Regional Role이라고 하며, 또는 전체 국가를 담당하면 National Role이라고 할 수가 있는데. 지역이 커질수록 책임도 커지고 직책도 일반적으로 높아지고 연봉도 높아집니다. 왜냐하면 National 또는 Regional Role을 가지게 되면, 여러 곳에 소재한 공장/시설들을 관리감독 하게 되는데, 여러 가지 문제가 다발적으로 발생할 때가 부지기수입니다. 그리고 이를 해결하기 위해서는 대부분의 경우 직접 현장에 나가서 적절한 의사소통과 지침을 내려야 하기 때문에, 출장의 빈도가 정말로 높아지는 경우가 많습니다. 그래서 결국에는 주말과 밤에도 쉴 새 없이 일을 하고 출장을 거의 매주 다니게 됩니다.

직장에서 직책과 책임이 커지고, 승승장구하는 것은 매우 바람직한 일이지만 어린 자녀들이 있다면 그 자녀들에게는 상당히 힘들고 어려운 일이 되기도 합니다. 자녀들에게는 아버지로서 같이 시간을 보내는 것이 굉장히 중요한데, 아버지가 직업으로 인하여 집 밖으로만 돌아다니고 가족에게 소홀하게 된다면 결코 좋은 일은 아닐 것입니다. 특히 배우자가 맞벌이를 하는 경우에는 어린 자녀들을 배우자에게만 맡겨두고 잦은 출장을 다니는 것이 결코 쉬운 일이 아닙니다.

많은 경우에 배우자 간에 언성이 높아지고, 불화가 생기며 가정이 깨지는 경우도 주변에서 종종 보게 됩니다. 저 역시도 출장으로 인하여 상당한 문제를 겪었었고, 이를 최대한 원만하게 해결하려고 노력을 합니다만, 쉬운 문제는 아닙니다.

개인적으로는 연속 11주 출장을 다녀본 적이 있는데, 이 정도가 되면 정말로 직장생활을 하기가 싫어집니다.

주말마다 집에 다시 돌아와서 가족들과 시간을 보낼 수 있어서 그나마 다행이었지만, 그래도 계속 연달아서 출장을 다니는 것은 정말로 사람이 할 짓이 못 됩니다.

개인적으로 최대 50% 출장의 경우에는 가족들의 희생이 뒷받침되어야 하지만, 그래도 어느 정도 감안할 수 있는 수준이라고 여겨집니다. 하지만 최소 75% 또는 100% 출장을 요구하는 일자리는 그야말로 결혼을 하지 않은 미혼인 사람들이나 감당할 수 있지 않을까 생각해봅니다.

이동수단

이동수단은 회사에서 어떠한 수단을 이용하라고 지침이 내려오지는 않지만 저 개인적으로 운전 기준으로 6시간 이내의 거리는 자동차(렌트)를 이용하고, 그 이상이면 비행기를 타고 이동합니다. 6시간 이내의 거리는 공항까지 운전하고 일찍 가서 기다리고 비행하고 다시 렌트카를 픽업해야 하는 모든 시간을 고려하면, 그냥 운전해서 가는 것이 더 빠르거나 거의 동일하기 때문입니다.

항공사의 경우에는 회사에서 협약을 맺어서 좀 더 저렴한 가격을 제공하는 Preferred Airlines이 있습니다. 현재 제가 근무하는 회사의 경우에는 American 항공, United 항공, Delta 항공 이렇게 Major 항공사들이 지정되어 있습니다. 저의 경우에는 Chicago가 약 2시간 거리에 있기 때문에, Chicago를 Hub로 사용하는 American 항공이나 United 항공을 선택할 수 있었는데, 제가 거주하는 일리노이 중부 지역에 들어오는 항공사가 American 항공이라서 American 항공을 주로 출장에 이용하고 있습니다.

아메리칸 항공은 오헤어 공항의 3터미널을 주로 사용하는데, 아래 사진에서 보듯이 터미널의 주 통로를 예쁘게 장식해서 보기가 좋았습니다. 영화 「나홀로집에」를 보면 케빈의 가족들이 비행기를 놓칠까봐 열심히 뛰어가는 장면이 나오는데, 여기가 바로 3터미널입니다.

물론 출장을 가면서 다른 항공사나 호텔 체인의 이용이 완전히 불가능한 것은 아닙니다. 단지 Preferred Airlines이나 Hotel은 직원이 출장 중에 최대한의 편의를 볼 수 있도록 회사에서 이용을 권장하는 것이기 때문입니다.

계속 언급하지만, 회사마다 다릅니다. 어떤 회사는 가장 싼 Motel 6라든지 더 저렴한 숙소를 사용하도록 할 수도 있습니다. 다만, 숙소나 식사가 너무 저렴해지면 또는 출장 비용을 너무 비인간적으로 낮추라고 이야기를 들으면 개인적으로는 굉장히 짜증이 납니다. 외지에 다니면서 회사를 위해서 일을 하는데 잠자리도 불편하고, 식사도 변변치가 않으면 업무 의욕이 확 떨어지고, 그나마 있던 애사심도 같이 없어집니다.

만약에 아직 항공사의 Tier(고객 등급)이 없는 경우에는 회사 비용으로 좌석을 업그레이드가 가능할 수도 합니다. 물론 일등석으로 업그레이드는 못하지만, 아메리칸 항공의 Main Cabin Extra나 Delta 항공의 Comfort Plus 등으로 업그레이드를 할 수도 있습니다. Main Cabin Extra나 Comfort Plus의 경우에는 일반 Main Cabin과 비교해서 약 6인치(15cm) 정도의 무릎 공간이 추가로 있는데, 이 15cm가 얼마나 중요한지 모릅니다. 특히 Red-eye Flight(미국 서부에서 동부로 저녁 9시 전후에 출발하여 비행시간 5시간 정도+시차 3시간을 감안하여, 동부 시간으로 아침에 도착하는 항공편)의 경우에는 잠을 굉장히 불편하게 자기 때문에, 약간의 업그레이드를 통해서 다음날 업무 효율을 높일 수 있다면, 투자하는 편이 맞다고 생각합니다.

항공사의 Tier가 있으면 아무래도 등급에 따라서 다르지만, 좌석의 무료 업그레이드가 상당히 잘 되고 추가적인 혜택도 쏠쏠합니다.

아메리칸 항공을 기준으로

– Platinum Executive: 최고 등급

- 출발 최대 100시간 이전에 국내선의 경우, 일등석 업그레이드 여부를 확정.
- 120% 추가 마일 및 Loyalty Point 적립
- 미국 국내선 무료 수하물 3개
- 수하물에 우대 승객 태그 부착하여 줌

- Group 1 Boarding (First Class 다음 탑승 순위임)
- 좌석이 없어서 일반석에 앉더라도, 무료 음식/주류 제공
- 최소 24시간 이전에, Full Fare Ticket 구매 시에 일반석 좌석 보장

– Platinum Pro: 그 다음 등급

- 가능한 경우에, 출발 최대 72시간 전에 국내선 1등석 업그레이드 확정
- 80% 추가 마일 및 Loyalty Point 적립
- 미국 국내선에 한하여 무료 수하물 3개
- 수하물에 우대 승객 태그 부착하여 줌
- Group 2 Boarding (First Class, Group 1 다음 탑승 순위임)

당연히 플래티넘 등급 보다는 좀 더 잦은 일등석 업그레이드를 예상할 수 있지만, 그리 큰 차이를 느끼지는 못했습니다. 북미 기준으로 일등석은 비행거리 기준 900 Nautical Mile(약 1,620 km)이상인 경우에 한해서 식사를 제공합니다. 일반석 승객들은 식사가 제공되지 않을 때, 일등석 승객만 먹는 것이기에 어느 정도의 차별점이라고 할 수 있겠습니다. 아래의 사진은 시카고-포틀랜드 비행편에서 운이 좋게 일등석 승급을 받아서 먹었던 식사를 찍은 것입니다. 한번은 아메리칸 항공 대신에 같은 원월드 항공 동맹체 소속인 알래스카 항공을 탔었는데, 역시 운 좋게 일등석 승급을 받아서 아침 식사를 할 수가 있었습니다. 굉장한 식사를 기대하는 것보다는 그냥 간단한 요기를 한다는데 포인트를 두시는 게 좋습니다.

- Platinum: 3번째 등급

  - 출발 최대 48시간 전에 1등석 업그레이드 여부를 확인
    하여 줌.
  - 이 등급부터, 좌석 구매 시에 원하는 좌석 Main Cabin
    Extra(델타 항공에서는 Comfort Plus)의 선택이 가능합
    니다.
  - 60% 추가 마일 및 Loyalty Point 적립
  - 미국 국내선 무료 수하물 2개
  - 수하물에 우대 승객 태그 부착하여 줌.
  - Group 3 탑승 순위

아메리칸 이글(주로 단거리를 담당하는 아메리칸 항공 산하 브랜드)을
자주 사용한다면 일등석 업그레이드를 쉽게 받을 수 있는 등급의 시
작입니다. 다만 아메리칸 항공의 경우에는 시카고~달라스, 시카고~
피닉스, 시카고~샬럿 등 주요 도시 간 이동을 하게 된다면, 일등석
업그레이드는 기대하지 않으시는 게 좋습니다. 1등석 업그레이드를
받기 위한 대기자 명단이 있는데, 플래티넘 등급으로는 최소 20번
대부터 시작합니다(가능성이 아예 없다는 이야기).

- Gold: 가장 마지막 등급

  - 출발 최대 24시간 전부터 출발 시각까지 1등석 업그레
    이드가 가능하지만, 대부분 상위 티어 승객들이 이미
    업그레이드를 받은 상태이기에, 거의 불가능함
  - 미국 국내선 수하물 1개 무료(대부분 항공사 제휴 신용카

드를 통해서 미국 국내선 무료 수하물을 받으시기에 아주 큰
체감은 하지 못합니다)

- Check-in시에 Main Cabin Extra좌석이 이용 가능할 경우, 무료로 좌석 선택 가능
- 40% 추가 마일/Loyalty Point 적립
- Group 4 탑승 순위 (이 다음에도 Group 5~9까지 탑승 순위가 있습니다)

지금 다시 돌이켜보면, 입사 첫해에 American 항공의 3번째 Tier인 Platinum을 달성하고, Hilton의 최고 Tier인 Diamond, Marriott의 중간 Tier인 Platinum을 달성할 정도로 출장을 많이 다녔던 기억이 납니다. 1년 중에 거의 5개월은 집에 없고, 계속 돌아다녔던 기억만 있는데 누누이 말을 하지만 가족의 많은 지원과 이해가 있었기 때문에, 할 수 있었다고 생각합니다.

일단 항공사의 티어를 달성하면, 그 다음부터는 기본 적립 비율이 높아지기 때문에 계속 올라가는 것이 점점 쉬워집니다.

American Airlines

아메리칸 항공은 미국 플래그 캐리어로서 원월드(Oneworld) 항공 동맹체에 소속되어 있고 대형 항공기(B-777, B-787 등)만을 운용하고 있습니다. 아메리칸 이글은 아메리칸 항공의 브랜드를 사용할 수 있는 계약을 맺은 지역 항공사 또는 자회사들이 아메리칸 항공의 브랜드로 운항하는 지역 항공편을 말합니다. 주로 지역의 소규모 공항에서부터 허브공항으로 승객을 수송하는 역할을 하며, 상대적으로

작은 항공기(E-170, E-175, CRJ 700, CRJ 900)를 운영합니다. 운영하는 항공기가 작아서 주로 미국 국내선에 집중하지만 간혹가다 단거리 국제선(캐나다, 멕시코 등)의 운영에도 한 축을 차지합니다.

아메리칸 항공과 아메리칸 이글의 관계는 항공 업계에서 전통적인 허브엔 스포크(Hub and Spoke) 모델로 볼 수 있으며, 자전거 타이어의 빗살들이 지방 공항에서 허브공항으로 여행객들을 모아오는 역할을 하면, 자전거 타이어의 축인 허브공항에서 다른 허브공항으로는 아메리칸 항공의 대형 여객기를 통해서 탑승객들을 이동시키는 방식입니다. 아메리칸 항공의 허브공항으로는 달라스(DFW), 시카고(ORD), 샬럿(CLT), 피닉스(PHX), 필라델피아(PHL), 마이애미(MIA), 워싱턴 덜레스(DCA), 뉴욕(JFK) 등이 있는데, 제가 주로 이용하는 공항들은 시카고, 샬럿, 필라델피아, 달라스 정도가 대부분이고 피닉스나 마이애미 허브는 이용할 일이 크게 없었습니다.

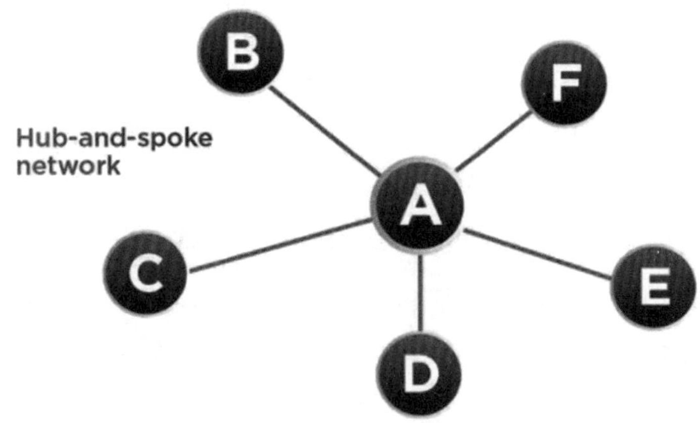

아메리칸 항공을 이용할 때의 팁으로는, 빠른 경유를 해야 하는 여정을 피하라는 것입니다. 특히 첫 비행기 도착시간부터 연결편의 출발시간이 1시간 이내인 짧은 환승(Short Connection)은 무조건 지양하시는 것이 좋습니다. 왜냐하면 착륙 후에도 비행기가 실제로 게이트에 도착할 때까지 약 20분 정도 유도로를 주행하는 경우가 많고, 좌석에 따라서 다르지만 비행기에서 내리는데 또 10~15분이 추가로 소요되어 실제로는 시간을 많이 잡아먹습니다. 그리고 게이트에서 다음 게이트로 이동하는 시간도 10분~20분 정도 고려하셔야 하며, 미국 국내선의 탑승이 출발 30분에서 45분 전에 탑승을 시작하는 것도 미리 알아두어야 합니다.

그래도 가능하면 시카고(ORD)에서는 무조건 1시간 30분 이상 여유를 가지는 것을 추천하고 달라스(DFW)는 조금 낮지만 샬럿(CLT)에서 환승을 하는데, 연결시간이 짧으면서 터미널 B에 도착하고 연결편이 Terminal E 출발이라면 마음을 단단하게 먹고 열심히 뛰어야 합니다! 약 1.2 km의 거리이니, 아무리 각오를 하더라도 좀 부담이 됩니다.

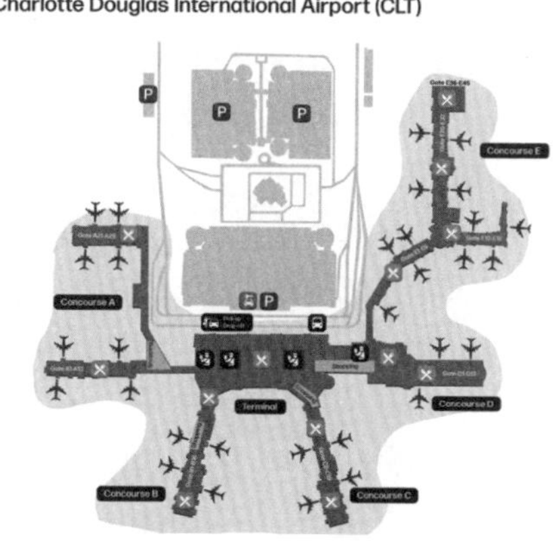

하지만 조종사들이 '조금 늦게 출발하더라도, 이륙해서 속도를 내면 시간을 벌충할 수 있어!'라는 마인드를 가지고 있는 것처럼 보이고 실제로도 늦게 출발하더라도 정시에 도착하는 경우가 많으며, 때로는 비행기를 정시에 출발시키는 대신에 늦어지는 승객들을 기다려 주기도 하는 '융통성/정'을 가지고 있다는 점이 장점이라고 할 수가 있겠습니다.

음료 서비스의 경우에는 일반석 기준으로, 아메리칸 항공은 대개 음료수를 1캔 통째로 준다는 점이 델타항공와 다릅니다. 사실 델타항공도 어떨 때는 "옛다, 먹어라." 하면서 1캔을 통째로 주기도 하지만, 제가 겪은 바로는 대부분 그냥 컵에 따라서 줍니다. 이게 사실 상당히 작은 차이인데, 승객 입장에서는 은근히 짜증나고 예민해지는 부분 중에 하나입니다. 항공기 승무원이 음료수를 캔에서 컵에다가 졸졸 따르고 있는 모습을 보면, 차라리 '리필도 안 해주면서 그냥 캔 하나 통째로 더 주지.'라는 생각이 입 안에서 돌고 있을 때가 많습니다.

그리고 아메리칸 항공의 또 다른 장점 하나는, 승객 본인의 Status가 있으면 가장 저렴한 항공권 Basic Economy를 구입하더라도, 등급에 따른 혜택을 그대로 받을 수 있다는 점입니다.

예를 들어서 시카고~포틀랜드까지 가장 저렴한 아메리칸 항공의 항공권(Basic Economy)이 $180이고 일반석(Economy)가 $400이라고 해봅시다. 원래 Basic Economy는 좌석의 선택도 할 수가 없고, 무료 수하물도 없으며 탑승 순서도 가장 마지막입니다. 하지만 이때 본인의 승객 등급이 있다면, 무료 수하물 혜택도 받고, 플래티넘 이상 등급부터는 일등석을 제외한 좌석 지정도 가능할뿐더러, 일등석 승급까지도 가능합니다. 다른 미국 항공사(델타, 유나이티드)들이 승객 등급을 가진 Basic Economy 승객에게 전혀 혜택을 제공하지 않는 것과 비교하면 정말로 착한 항공사입니다. 돈도 아끼면서 혜택은 그대로 받을 수가 있으니, 아메리칸 항공으로 가시기 바랍니다!

또한 미국 내에 또 다른 원월드 회원 항공사인 알래스카 항공사가 있기에, 미국 내 항공편의 선택에 있어서 더 많은 옵션이 있다는 것이 장점이며, 제 경험상 아메리칸 항공의 티어가 알래스카 항공에서 더 좋은 대접을 받기에, 저로서는 전혀 불만을 말할 필요도 없고 그저 즐기기만 합니다. 다만 알래스카 항공편을 이용하면서 아메리칸 항공에 마일리지를 적립하게 되면 적립 비율이 좀 많이 안 좋아진다는 것이 아쉬운 점으로 꼽을 수가 있겠습니다. 하지만 미국 내 장거리 비행편에 있어서 아메리칸 항공을 통해서 여행할 때보다 알래스카 운항편에서 더 많은 일등석 업그레이드를 받아서, 저의 경우에는 장점이 단점을 충분히 상쇄한다고 생각합니다.

Delta Airlines

델타항공은 미국에서 정시 출발, 정시 도착이 가장 잘 지켜지는 항공사이면서, 서비스도 준수한 편인 동시에 한국까지의 직항편도 가장 많습니다. LA를 제외한 모든 델타항공의 허브공항에서 한국으로 가는 직행 편이 있습니다. 그리고 대한항공과 같은 항공 동맹체인 스카이팀(SkyTeam)에 있어서 마일리지의 교차 적립도 되고 미국에 사는 교민 입장에서는 모국 방문을 기획할 때 굉장히 도움이 많이 됩니다. 대한항공만큼의 기내서비스를 기대하기는 어렵지만 그래도 다른 미국 항공사들에 비해서는 더 낫다고 여겨지는 것이 사실입니다.

- 애틀랜타~인천
- 디트로이트~인천
- 미니애폴리스~인천
- 솔트레이크 시티~인천
- 시애틀~인천

아메리칸 항공처럼 델타항공 역시 대형 항공기만 운항을 하며, 중소형 비행기들과 지역 항공편들은 델타 커넥트(Delta Connect)라는 자회사 또는 브랜드 계약을 맺은 회사가 지역 항공편을 운영합니다.

델타 항공편을 이용해서 여정을 짤 때 잘 보면 대부분의 항공편이 애틀랜타 공항에서 환승을 하는데, 전체 델타 항공편 중에서 60% 정도가 애틀랜타 공항을 하루에 최소 1번 이상 거쳐 간다는 통계가 있습니다. 그만큼 동선이 상당히 잘 짜여 있고, 각 터미널 간 이동할 수 있는 열차의 운행 간격도 매우 짧아서 환승에 유리한 면이 있는데, 델타 특유의 정시 출/도착이 효율적인 환승에 아주 큰 장점입니다. 반대로 단점이라면 델타항공 편의 대다수가 애틀랜타를 거쳐서 가므로, 애틀랜타 공항에 날씨나 어떠한 공항의 기능 고장이 발생한다면 대규모로 결항이나 지연이 일어난다는 점입니다. 애틀랜타 공항이 전 세계에서 가장 바쁜 공항이라서, 이런 이벤트에 휘말리게 되면 그냥 공항 대합실 바닥에서 노숙하거나 아예 밖에 나가서 호텔을 잡아야 하는데, 기다리는 승객들 모두 같은 생각을 해서 호텔도 비싸집니다. 그래서 그냥 주야장천 기다리는데, 이럴 때는 델타항공이 싫어집니다.

환승을 할 때, 비행기가 연착된다면 아메리칸 항공의 경우에는 아예 다음 비행기의 출발을 지연시켜(정시 출발하면 해당 비행편을 놓치는 승객들이 아주 많거나, 국제선으로 환승해야 할 때) 승객들이 비행편을 놓치지 않도록 할 때도 있는 반면 델타항공은 그냥 지체 없이 정시에 문 닫고 출발합니다. 환승 편을 놓치면 출장 여정이 엉망이 되는 비즈니스맨으로서는 아쉽지만, 항공사의 정책이니 그냥 아무 말 없이 따라야 합니다.

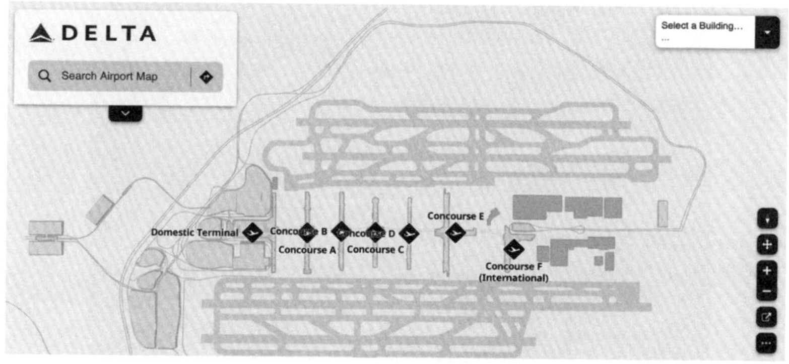

일리노이주에 살면서 사실 델타항공을 주로 이용할 수도 있지만, 델타를 타면 무조건 애틀랜타를 거쳐서 가야 하기 때문에, 특히 미국 서부에 갈 때 비행시간이 엄청 길어집니다. 애틀랜타~블루밍턴 노선은 상대적으로 기령(연식)이 높은 CRJ 700/900을 굴리고 있고,

기내 와이파이도 안 되며 하루에 2편밖에 없습니다. 델타항공에서 미니애폴리스나 디트로이트로 가는 추가 항공편만 운항하면, 델타항공을 메인으로 이용하는 것도 생각해 보겠지만, 현재로서는 아메리칸 항공이 저에게는 가장 적합한 항공사입니다.

시카고까지 운전해서 간 다음에 아메리칸 항공을 타면 논스톱에 4시간 비행으로 끝나지만, 델타항공을 이용하면 블루밍턴에서 애틀랜타까지 2시간 그리고 애틀랜타에서 포틀랜드까지 비행시간만 6시간이 넘어가기 때문에, 더더욱 델타항공을 출장 목적으로 이용하기가 쉽지 않습니다. 하지만 반대로 미국의 동남부로 가게 되면 델타항공만큼 노선망이 유리한 항공사도 없습니다.

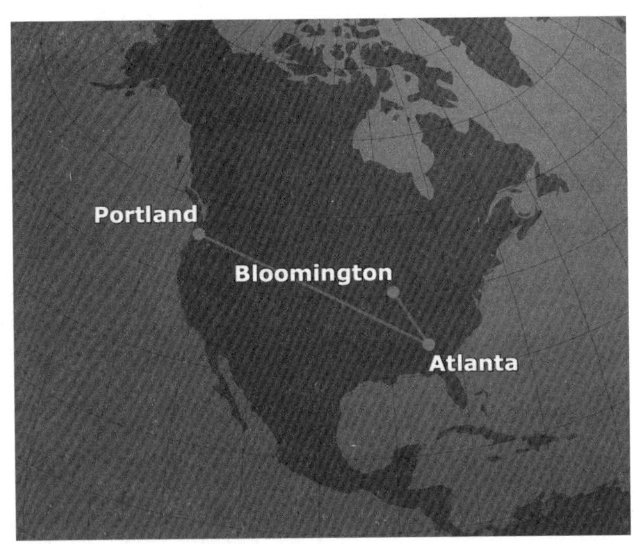

출처: Microsoft CoPilot

비행기 지연

출장을 다니다 보면 정말 듣도 보도 못한 다양한 이유로 인해서 비행기가 지연됩니다. 기체 결함으로 탑승대기를 하는 경우도 있었고, 기상 악화가 되거나, 조종석 문의 잠금장치가 고장 나서 출발이 장시간 지연되는 일도 있었습니다. 자잘한 고장이 있어서 수리팀을 불렀는데, 수리팀이 오는데 시간이 한참 걸려서 조종사의 운항 시간 제한에 걸려서 비행이 취소된 적도 있었습니다. 조종사는 하루 최대 14시간까지 일을 할 수가 있는데, 2명의 조종사가 한 팀을 이루어서 비행하는 경우에는 비행시간이 하루 최대 10시간을 넘어서는 안 됩니다 (출처: 미국 연방항공청).

또는 직항편이 없어서 환승을 해야 할 때, 막상 출발 편의 지연으로 다음 연결편을 놓쳤는데 제 수하물(Luggage)은 혼자서 연결편을 타고 간 적도 있었고, 그 반대로 수하물이 못 따라올 때도 간혹 있어서 상당히 난감한 경우가 있습니다. 왜냐하면 모든 갈아입을 옷, 속옷, 양말들이 그 안에 들어 있는데, 갈아입을 옷도 없이 하루나 이틀을 공항 또는 호텔에서 보내는 것이 아주 반갑지는 않습니다. 그래서 이제는 항상 1벌의 속옷, 양말, 셔츠, 그리고 칫솔, 치약을 따로 배낭에 넣어서 다닙니다. 이렇게 하면, 간혹 가다가 연결편의 문제로 인해서 불가피하게 환승 공항에서 노숙을 하거나, 호텔을 얻어야 할 때 유용합니다. 갈아입을 옷이 있는 것과 없는 것은 정말로 하늘과 땅 차이가 날 정도로 차이점이 확연합니다. 특히 여름에 땀나서 온몸이 끈적끈적하고 불쾌한데, 갈아입을 옷이 없이 호텔에서 머무르면서 다음 비행편이 가능할 때까지 기다려야 한다면 그것만큼 참기 어려운 것도 없습니다.

어떤 때는 도착지의 기상이 악화되어 갑자기 중간에 다른 공항으로 또는 출발지로 회항하는 때도 있었는데, 출장을 하도 다녀서인지 이제는 그냥 초연해졌습니다. 괜히 짜증을 내고 성질내 봐야 저 혼자만 기분이 나쁠 뿐이라 이제는 최대한 보상을 얻어내는 방향으로 바뀌었습니다.

항공사의 귀책 사유로 인해 비행편이 취소되었을 때는 다음의 보상을 받아낼 수 있습니다(출처: 미국 교통부 자료).

- 이용 가능한 다음 항공편 무료 예약
- 이용 가능한 타 항공사 항공편 무료 예약
  - 아메리칸 항공
  - 델타항공
  - 유나이티드 항공
  - 알래스카 항공
  - 하와이안 항공
  - 젯블루
- 식사권
- 항공편이 다음날 이용 가능할 경우, 호텔 예약

여기에 해당 항공사의 고객 등급이 높다면, 별도의 전화를 통해서 추가로 점잖고 매너 있게 항의를 하시고 마일리지나 추가 현금 보상 등을 요청할 수도 있습니다. 제 경험상 아메리칸 항공의 경우, 명백한 항공사 과실인 상황에서, 고객 등급이 높다면 추가 항의를 통해서 1만 마일 안팎의 추가 보상을 얻어보았던 것 같습니다.

한번은 필라델피아 공항에서 환승을 해야 하는 상황이었는데, 비행기를 조종할 조종사가 다른 비행편을 조종하러 가버리고, 새로운 조종사와 승무원이 오지 않아서 비행편이 취소된 적이 있었습니다. 이 상황에서 직원들이 잘 정보를 전달해 주고 응대를 했으면, 그러려니 하고 넘어갔을 텐데, 계속 비행기 지연을 시키다가 다음 날 새벽 3시가 넘어서와 취소를 시켰습니다. 저를 비롯한 다른 승객들은 졸지에 공항 탑승 게이트 앞에서 밤을 쫄딱 새게 되었는데, 의자에서 불편하게 쪽잠을 자면서 버텨야 했습니다. 여기에다가 직원 불친절까지 겹치면서, 저는 아메리칸 항공의 홈페이지에 불만 사항을 접수했고, 나중에 추가 보상을 마일리지로 받은 기억이 납니다.

이렇게 막장인 경우는 사실, 별로 없습니다만 그래도 간혹가다 발생하니 마음의 평화를 찾을 수 있는 수단(음악이나 독서 등)을 여행하시면서 구비하는 것이 좋습니다.

Red-Eye Flight

레드아이(빨간 눈)라고 불리는 이유는 미국 서부에서 밤늦게 출발해서 미국 동부에 새벽에 도착하는 일정의 비행기이기 때문입니다. 기차로 치면 밤 기차, 유럽에서의 야간열차로 생각하시면 되는데 실제로 취침이 가능한 시간은 짧은 편입니다. 레드아이 비행편의 장점은 시간을 최대한 아껴서 다음날 도착하자마자 바로 비즈니스를 시작할 수 있다는 것입니다.

미국 오레곤주의 포틀랜드에서 출발해서 조지아주 애틀랜타에 도착하는 델타항공의 여정을 보면, 서부 시간 오후 10시 경에 출발해서 동부 시간 아침 5시 반에 도착합니다. 이렇게만 보면 꽤 괜찮은 수면시간을 가질 수 있는 것처럼 보이지만, 실제 동부와 서부의 시차(3시간) 때문에 4시간 30분 정도에 불과합니다. 그리고 만약에 옆자리에 앉은 사람이 화장실에 간다고 일어나는 일이 생기고 그러면, 별로 쉴 수 있지도 않지만 아침에 바로 도착하기 때문에 최대한 많은 일을 처리할 수 있어서 좋습니다. 만약에 포틀랜드에서 시카고까지 아메리칸 항공을 타고 간다고 하시면, 실제 비행시간은 3시간 30분 정도에 불과해서 정말로 빨간 눈으로 비행기에서 내리실 수가 있을 겁니다.

짧고 불편한 수면에 더한 레드아이 비행편의 불편한 점은 아침에 내려서 씻을 곳을 찾는 것이 쉽지 않다는 것입니다. 꿉꿉하고 끈적거리는 상황에서 바로 비즈니스를 하러 가는 것은 그리 좋은 생각이 아닙니다.

출처: Microsoft CoPilot

샤워실이 있는 라운지를 이용할 수 있다면 좋겠지만, 그게 아니라면 미국 전역에 헬스장을 가진 브랜드에 회원권을 구매하는 것도 하나의 방법일 수 있습니다. 미국의 대형 브랜드 헬스장들은 거의 대부분 샤워시설을 갖추고 있기 때문에, 건강도 챙기면서 비즈니스를 하기 전에 간단하게 씻을 수 있는 것이 아주 유용합니다.

식사(Meal)

출장이 많은 특성상, 1인당 1 법인 카드를 지급 받아서 사용하게 되며 회사에서 법인 카드의 한도를 정해줍니다. 저의 경우에는 매달 $15,000을 사용할 수 있도록 최대 한도가 정해져 있으며 회사마다 법인 카드사는 아멕스가 될 수도 있고, 뱅크오브아메리카, 체이스, 시티 등 다양한 옵션이 있습니다. 당연히 무제한으로 사용할 수 있는 것이 아니고, 사용할 수 있는 식비, 호텔, 비행기 좌석 등에도 어느 정도의 제한이 있습니다. 그리고 회사에서 정한 한도를 넘어가게 되면 사유와 영수증을 직속 매니저에게 보고 후 추후 승인을 받아야 하는데 만약 승인을 받지 못하는 경우에는 개인 비용으로 충당을 해야 합니다.

여기서 하나 중요한 점은, 출장 비용을 정산하지 못하고 본인의 개인 비용으로 지불해야 한다는 말은 회사의 출장과 비용정책에 위반되는 사항을 저질렀다는 말이 될 수 있기 때문에, 조심을 해야 합니다. 그리고 아래의 기준은 현재 제 출장에 적용되는 식비 기준입니다.

- 조식: 최대 $25.0
- 중식: 최대 $25.0

- 석식: 최대 $50.0

이 금액은 세금과 팁(Tip) 을 모두 포함하고 있는 금액으로서, 이를 넘어가면 영수증을 첨부하여 식사가 적절했음을 증빙해야 합니다. 혼자서 $100이 넘어가는 스테이크를 먹고 비용 청구를 하면 당연히 받아들여지지 않겠지만, 비즈니스 목적에서 스테이크 전문 식당에서 고객사 또는 비즈니스 파트너와 먹은 것은 비용처리가 가능합니다.

회사마다 다르지만, 주류를 식사에 포함하여 허용하는 곳도 있고, 주류는 아예 개인 비용으로 지출하도록 하는 곳도 있습니다. 현재 직장의 경우에는 식사의 한도 안에서 주류도 포함하여 계산할 수 있도록 해주고 있습니다(그래봐야 맥주 한잔 정도이지만, 그래도 꽤나 도움이 됩니다).

출장을 가끔가다 다니게 되면, 집 밖에서 먹는 음식에 즐거워하면서 출장을 정말로 즐길 수가 있습니다. 하지만 매주 다니게 되는 상황에 처한다면, 이때부터는 식당의 음식들을 최대한 피하고 간단하면서도 건강한 음식들이 정말로 많이 먹고 싶어집니다. 그래서 저의 경우에는 주로 Whole Foods에서 식사를 많이 해결하는데, 여기에는 몇 가지 이유가 있습니다.

- 샐러드바의 비용이 1 pound(454 gram)당 $9.99~$11.99로 가격이 상대적으로 저렴함.
- 다양한 샐러드, 야채가 존재함.
- 이 외에도 다양한 고기 메뉴, 수프 등이 존재하며 맛도 상당함.

또한 캘리포니아 롤, 디저트 등과 함께 녹즙 등 건강을 챙길 수 있는 품목도 다양하게 있어서 더 자주 찾게 됩니다. 하지만 홀푸드의 단점이라면, 주로 대도시에만 위치하기 때문에 미국의 소도시 지역으로 가면 식사에 선택할 수 있는 옵션이 기하급수적으로 줄어든다는 것입니다. 소도시에 출장을 가게 되면 저는 주로 월마트나 하이비(Hy-Vee), Safeway 등 각 지역의 마트에서 파는 미리 포장된 샐러드를 주로 이용해서 조금이나마 건강식을 먹으려고 노력하는 편입니다.

하지만 이렇게 하더라도 불가피하게 맥도날드, 버거킹, 스타벅스 등의 패스트푸드를 상당히 자주 이용해야 하는 상황에 처합니다. 예를 들어서 미팅을 마치고 공항으로 가는 길인데 시간이 없어서, 뭐든지 빨리 먹고 이동해야 하는 상황이라면 패스트푸드밖에 없습니다. 또한 공항에서 다음 항공기로 빨리 환승을 해야 하는데, 시간이 촉박하다면 마찬가지로 좋으나 싫으나 패스트푸드가 정답입니다. 그래서 맥도날드와 버거킹, Chick-Fil-A, KFC, 스타벅스 등의 웬만한 패스트푸드 메뉴들은 최소한 10번씩은 전부 다 먹어보았고, 이제는 그냥저냥 먹을만 한 것으로 메뉴에 추가 주문을 해서 먹는 지경에 이르렀습니다. 버거킹으로 그냥 와퍼에 양파와 토마토를 많이 추가해서 먹으며, 맥도날드는 맥더블에 양상추와 토마토를 추가하는 식으로 먹었습니다. 아니면 빅맥에 패티를 추가해서, 한국에서는 메가맥이라고 부르는 햄버거를 먹기도 합니다.

반대로 시간이 넉넉하게 남는 경우에는 오히려 지역 특색이 있는 음식들을 먹으려고 합니다. 플로리다주 잭슨빌에 출장을 가면 악어 꼬리 튀김을 한 번씩 시켜본다던가, 루이지애나주 뉴올리언스 지역으로 가게 되면 검보(Gumbo)나 잠발라야(Jambalaya) 같은 음식을 즐기려고 많이 노력합니다. 미국의 남부지역 음식은 튀긴 것들이 참 많습니다. 치킨, 새우튀김, 그나마 얼마 없는 야채, 오크라튀김처럼 정말 튀긴 음식의 천국입니다.

잠발라야는 한국의 볶음밥과 비슷하다고 할 수 있는데, 사용하는 향신료가 달라서 아주 이국적인 면이 있고, 동시에 아주 짭니다. 달고 짠 게 아니라, 그냥 짭니다. 어떤 때는 매운 경우도 있어서 의도치 않게 땀을 뻘뻘 흘리면서 먹기도 합니다. 뭐 이런 게 출장의 묘미 아닐까요?

검보는 한국의 죽과 비슷한데, 건더기가 더 많고 향신료가 가득 들

어간 죽이라고 생각하시면 비슷할 겁니다. 일반적으로 소시지와 고기, 새우 등이 들어가고, 파프리카 가루, 양파, 타임, 다양한 고춧가루가 더 해져서 미국 남부의 소울푸드가 됩니다. 저 개인적으로는 상당히 좋아하고, 루이지애나에 가게 되면 한번씩 시켜 먹게 됩니다.

출장 중에 먹는 개인 식사와는 다르게 비즈니스를 하다 보면, 상대

방 또는 고객을 접대할 때가 생깁니다. 그리고 이때는 적절한 식사를 대접해야 하기 때문에 위에서 보았던 식비 제한이 해제됩니다. 물론 무제한은 당연히 아니며, 직속상사에게 대략 설명을 미리 한 이후에 추후 영수증 처리가 필요합니다.

대부분의 경우에는 괜찮은 Steak House에 가서 Appetizer, Main Meal(Steak), Dessert의 3코스를 즐기면서 와인이나 칵테일 등의 반주를 하는데, 팁까지 포함해서 대개 1인당 $200을 훌쩍 넘어갈 때가 많습니다. 식사 시간은 2시간에서 3시간을 생각하시면 되

고, 다양한 주제로 이야기를 많이 합니다. 이때 비즈니스를 한다기보다는 그 사람을 알아간다는 생각으로 대화를 하시면 편하실 겁니다.

사는 곳부터, 좋아하는 스포츠(미식축구, 야구, 하키 등), 자녀/가족 이야기 등등 Small Talk 위주로 이야기를 풀어나간다고 보시면 되는데, 미국에서 자란 1.5세나 2세들에게는 큰 문제가 아니겠지만, 한국에서 바로 건너온 이민 1세대에게는 꽤나 어려운 자리가 됩니다. 왜냐하면 한국에서 인기 있는 스포츠는 미국에서 그리 큰 인기가 없고, 대학 생활에서의 접점도 없기 때문입니다. 미국에서 정말로 인기가 있는 스포츠는 미식축구이며 National Football League(NFL)가 아니더라도 대학리그에서의 미식축구 역시 그 인기도가 상상을 초월합니다. 그래서 미식축구 팀들의 핫이슈 및 순위, 잘 나가는 선수들의 이름과 미식축구의 규칙 등을 잘 알아두시면 큰 도움이 됩니다. 그 이후 어느 정도 Ice-Breaking이 되고 나면 비즈니스에 대해서 다루기 시작합니다.

호텔 특징

출장을 자주 다니다 보면 각 항공사 그리고 호텔의 특징을 어느 정도 알 수가 있는데, 저는 주로 매리엇, 힐튼 그리고 IHG 계열의 호텔에만 머물렀습니다. 하얏트는 회사의 정책상 불가능하고 이용가능한 호텔의 수 자체가 많지 않아서 사용을 할 수가 없었습니다.

양대 산맥은 결국 힐튼과 매리엇인데, 개인적으로 둘 다 큰 차이는 없다고 생각합니다. 어차피 직장인들이 사용하는 브랜드는 저가 브랜드인 Hampton Inn 그리고 Spring Hill Suite 정도인데 둘

다 시설이 깔끔하고 아침식사가 포함되어 있습니다. 그 외에 고급 브랜드 호텔은 비용문제로 사용도 못하지만, 간혹 가다가 Westin이나 Renaissance, Marriott 등이 저가 할인을 하게 되면, "감사합니다!" 하면서 가서 묵었던 기억이 납니다. 호텔을 자주 다니다 보니, 확실히 좋은 호텔이 비싼 데는 이유가 있습니다.

회사 내에서는 가능하면 1박에 $150~$200 이내의 호텔을 고르는 것이 암묵적인 룰입니다. 물론 너무 저렴한 곳에서 지내면 잠자리도 불편하고, 시설도 안 좋고, 결국에는 회사 생활에 정이 떨어지게 됩니다. 반대로 비싸고 좋은 곳에 묵을 수도 있지만, 어차피 각 팀별로 출장비 정산, 조회를 할 때 가장 비싸게 출장 다니는 사람으로 몰려 봐야 좋을 게 없기 때문에, 적당히 알아서 자제해야 합니다.

다시 한번 이야기하지만 여기서 중요한 것은 항상 Travel Policy(출장 방침)를 잘 지켜야 한다는 것입니다. 출장을 지내다 보면, 어떻게 비용 청구가 될지, 정산이 될지 등이 보이는데, 잘못해서 Abuse Case(남용)가 되거나 Fraud(사기)로 잡혀버리면 바로 Termination, 즉 해고 될 수 있으니 조심하시는 것이 좋습니다. 직장생활 하면서 간혹 가다가, 누구누구가 아침이나 점심으로 스타벅스 기프트 카드를 샀다가 걸려서 정직(Suspended) 당했다는 이야기를 듣거나 비슷한 비위행위에 대해서 듣습니다.

Marriott — 매리엇

Marriott 호텔의 회원 등급은 Bonvoy라고 하면서 5단계의 등급이 존재하며, 각 단계마다 조금씩 받는 혜택이 다릅니다.

Ambassador-Titanium-Platinum-Gold-Silver

Ambassador 등급: 최고 회원 등급으로서 1년에 100박 이상 호텔에 머물러야 하고, 연간 호텔에 숙박하며 사용한 금액이 $23,000을 넘어야지만 달성할 수 있습니다. 정말 출장계의 레전드만 달성할 수 있는 경지입니다. 75박을 갓 넘은 저는 올해 2025년에 $12,000 정도 사용했다고 나와서, 이 등급은 정말 꿈의 등급입니다.

주요 혜택은

- 75% 추가 보너스

- 늦은 체크아웃 (4 pm)

- 호텔 라운지 무료 사용 (간단한 음료와 식사가 가능)

- 48시간 이전, 오후 3시 이전에 예약할 시에 호텔 객실 무조건 확보

- 아침 식사 무료 제공

- 허츠 렌터카 최고 회원 등급 부여

- 유나이티드 항공 Premier Silver 등급 (4단계 가장 낮은 등급)

  • 미국 국내선 무료 수하물 1개

  • 그룹 2 보딩

Titanium – 1년에 75박 이상 숙박을 하면 달성하게 되며, 웬만한 Heavy 출장러들이 달성할 수 있는 등급이라고 보시면 됩니다. 저 역시 출장을 징하게 많이 다녀서 올해는 매리엇 Titanium과 힐튼 다이아몬드(회원 등급 개정 전- 60박 이상)을 당시에 달성하게 되었

습니다.

주요 혜택으로는

- 75% 추가 보너스

- 늦은 체크아웃 (4pm)

- 호텔 라운지 무료 사용 (간단한 음료와 식사가 가능)

- 아침 식사 무료 제공

- 허츠 렌터카 두 번째 높은 등급 부여

- 유나이티드 항공 Premier Silver 등급 (4단계 가장 낮은 등급)
  - 미국 국내선 무료 수하물 1개
  - 그룹 2 보딩

저 개인적으로 느끼기에는 혜택이 거의 앰배새더 등급과 대동소이하기에 '굳이 여기서 앰배새더를 달성하기 위해서 더 열심히 할 필요가 있나?'라는 생각이 듭니다. 지금 힐튼과 매리엇으로 나누어서 사용을 하고 있기에, 1년간 매리엇에서만 머무르면 100박 이상은 충분히 할 수 있겠지만, 저는 현재 둘로 나뉘어서 티어를 획득하는 것에 만족합니다.

Platinum – 1년에 50박 이상하면 달성할 수 있는 등급이며, 그래도 많은 혜택이 주어집니다. 제 개인적인 생각으로는 플래티넘부터가 정말로 호텔의 혜택을 많이 누릴 수 있는 등급이라고 생각합니다.

- 50% 추가 보너스

- 늦은 체크아웃 (4 pm)

- 호텔 라운지 무료 사용 (간단한 음료와 식사가 가능)

– 아침 식사 무료 제공

특히 가족들과 여행을 할 때는 늦은 체크아웃, 무료 아침 식사가 그렇게 큰 도움이 됩니다. 5인 가족이라 아침을 나가서 사 먹게 되면 최소 $50은 들기 때문에, 여기서 아낄 수 있는 금액이 쏠쏠합니다.

그 밑으로는 골드, 실버 등급이 있지만, 의미가 있는 혜택은 거의 없다고 보시면 될 것 같습니다.

또 하나 매리엇은 실버(총 250박 이상에 5년 이상 실버 등급 유지), 평생 골드(총 400박 이상에 7년 이상 골드 등급 유지), 평생 플래티넘(총 600박 이상에 10년 이상 플래티넘 유지) 등급이 있습니다. 어찌어찌해서 평생 골드까지는 하겠지만, Lifetime 플래티넘은 좀 벅찰 것 같습니다. 40대 후반 즈음에 달성할 수 있을까 싶습니다….

힐 튼

Hilton Honors라고 불리며 지금은 조금 달라졌지만, 제가 이 책을 한창 쓰는 중에 힐튼의 회원 등급은 3가지였습니다. 지금은 다이아몬드 리저브가 추가되었습니다.

다이아몬드-골드-실버

다이아몬드는 1년에 60박 이상을 해야만 달성 할 수가 있으며, 주요 혜택은 다음과 같습니다.

– 48시간 이전에 예약 시 호텔 객실 무조건 확보

– 룸 업그레이드 가능

– 라운지 이용 가능

　－ 100% 추가 보너스 포인트

　골드는 1년에 40박 이상을 해야 달성할 수가 있으며, 80% 추가 보너스 포인트 주는 것과 체크인 할 때 생수 2병 주는 것 빼고는 별 의미 있는 혜택은 없으며, 실버는 더더욱 없습니다. 여기도 매리엇처럼 평생 다이아몬드 등급이 있습니다. 그런데, 이를 달성할 수 있는 기준에 대해서는 공개된 것이 없이 그냥 이를 달성하면 힐튼호텔에서 해당 당사자에게 알려준다고 합니다.

　혜택 자체만 놓고 보면, 저는 힐튼 보다는 매리엇에서 더 많은 대우를 받았던 것 같습니다. 힐튼 다이아몬드(최고등급)는 연회비가 높은 신용카드를 통해서도 달성할 수가 있기에, 최고 등급을 가진 회원들이 너무 많습니다. 그래서인지 막상 힐튼 호텔을 사용할 때는 큰 체감을 하지 못했는데, 매리엇 호텔에서는 플래티넘만 되어도 벌써 혜택이 다르다는 것이 확 와닿습니다. 제공되는 아침 식사의 질도 더 좋고, 스위트룸으로 업그레이드 되는 횟수도 더 많았습니다(물론 매리엇의 플래티넘 등급도 연회비가 높은 신용카드를 통해서 달성할 수가 있습니다. 하지만 플래티넘 등급은 단지 5단계 중에 중간단계여서 그런지, 회원 수가 그렇게 많지는 않은 것 같습니다).

　그래서 저의 전략은 출장을 다니면서 매리엇에 먼저 숙박을 하고, 티타늄 등급을 달성하면 그 다음으로 힐튼에 머무르기 시작하는 것인데, 지금까지는 운이 좋게도 매리엇의 티타늄과 힐튼의 다이아몬드 등급을 모두 달성할 수 있었습니다. 그만큼 출장이 많았다는 말도 되는….

제4장

프로젝트(Project)

　　우리가 주변에서 쉽게 들을 수 있는 말, 프로젝트. 이 단어는 과연 무엇을 뜻하는 것일까요? 한국의 기본 교육과정인 초등학교, 중학교, 고등학교에서도 프로젝트라는 말을 쉽게 들을 수 있으며, 대학교에서는 주로 조별 과제를 프로젝트라고 부릅니다.

그리고 취업을 해서 직장생활을 하게 되면, 대부분 일과가 프로젝트를 기반으로 돌아가게 되며, 한 번에 여러 개의 프로젝트를 수행하게 되는 경우도 부지기수입니다. 물론 프로젝트의 크기(Scale)나 복합성(Complexity), 중요성에 따라서 극히 적은 수의 프로젝트 또는 하나의 프로젝트만을 관리하기도 하기도 하는데, 미국의 프로젝트 매니지먼트 협회 – Project Management Institute(PMI)에 따르면 정의는 다음과 같습니다.

"Temporary endeavor undertaken to create a unique product, service or result."

단순한 직역으로는 "특별한 상품, 서비스 또는 결과를 만들기 위한 일시적인 노력"이지만 개인적으로 의역을 하자면 다음의 뜻이 더 적합하다고 생각합니다.

"제한된 재화를 이용하여 적절한 기간 내에 특정 목적을 달성
하기 위해서 노력하는 일련의 과정."

예를 들어서 새로운 고속도로를 건설해야 하는 프로젝트가 있다
면, 이 프로젝트의 목표는 특정 지역, 아마도 낙후된 지역에 접근성
을 개선하고 물류를 활성화하기 위함이라서, 예산에 대한 제약이 일
반 사기업에서 진행하는 프로젝트만큼 심하지는 않습니다. 다시 말하
면, 공공의 이익에 부합하는 한 예산에는 상당한 융통성이 존재한다
고 생각할 수도 있습니다. 반대로 일반 사기업에서는 기존 공정을 개
선하고, 생산성을 향상하기 위한 프로젝트들이 주를 이룹니다.

하지만 프로젝트를 수행하기 위한 예산과 자원, 시간은 절대로 무
한하지 않기 때문에, 이를 관리하는 프로젝트 매니저의 역할이 아주
중요합니다.

프로젝트의 단계를 정의하는 방법에는 몇 가지가 있지만, 경험상
가장 많이 사용되는 것이 FEL이고 그 다음이 PMI 기준입니다.

프로젝트의 진행 단계- FEL(Front End Loading)

산업 현장에서 프로젝트를 진행할 때 주로 FEL(Front End Loading)이라는 체계에 정해진 각 단계별 요건에 따라서 진행을 합니다. 그리고 각 회사마다 프로젝트 진행 방식에 대한 명칭은 조금씩 다를 수 있지만, 전반적으로 FEL Process와 동일하니 너무 크게 걱정하지 않으셔도 됩니다.

결국에 FEL을 따르는 목적은 프로젝트의 초기에 많은 위험(리스크)을 찾아내고, 관리함으로써 최종 프로젝트 비용을 낮추고 품질향상을 꾀하는 것에 있습니다. 그리고 아래 보이는 도표는 프로젝트의 과정에서 요구되는 시간, 노력, 비용, 리스크를 시간에 따라서 변화하는 정도를 간략하게 보여줍니다.

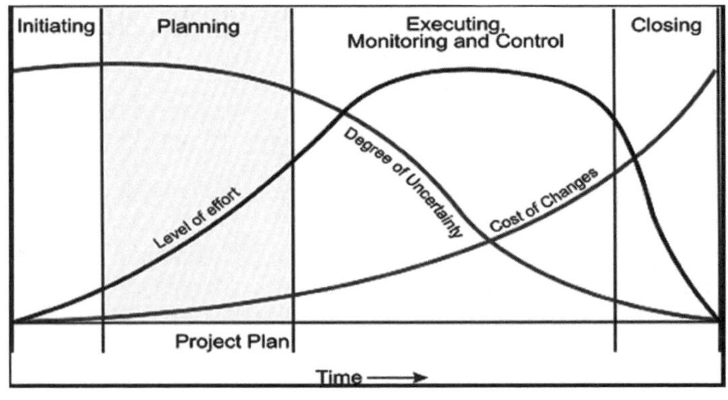

프로젝트의 기간에 따른 리스크/위험도와 Scope change에 따른 비용을 나타내는 그래프인데, 여기서 볼 수 있듯이, 초기(Initiating / Planning)이 FEL 1, 2단계에 해당합니다. 이때는 그래프에서 보이듯이 리스크/위험도는 상대적으로 높지만 만약에 역무가 바뀐다면 이에 따른 제반 비용은 낮은 것을 알 수가 있습니다. 하지만 프로젝트가 실행/건설 단계에 들어갈 때는 이미 상세설계가 진행된 상태이기 때문에 대부분의 리스크가 이미 알려지고, 관리할 계획이 세워진 상태라서 위험도 그래프가 우하향을 하는 것을 볼 수 있습니다.

반대로 상세설계가 이미 끝났다는 것은 많은 것이 확정되어서 더 이상 바뀔 여지가 적은 상태에다가, 대부분의 핵심 설비들은 이미 주문이 들어간 상태입니다. 이 단계에서는 아주 작은 변화라도 이를 반영하기 위한 가격이 상당할 수가 있습니다.

예를 들어서, 서울의 외곽에 새로운 지하철을 건설한다고 해봅시다. 가상의 현실에서 2호선처럼 서울을 순환하는 지하철을 서울의 주요 위성도시를 순환하는 커다란 노선을 건설해 본다고 합시다. 수원, 분당, 용인, 위례 등을 거쳐서 서울을 빙 돌아가는 철도를 건설해서 한창 시운전을 준비하고 있는데, 갑자기 저 멀리 있는 가평에서 자기네들도 서울 근교라면서 철도를 연장해달라고 요청을 합니다. 그런데 가평에 철도를 연결하기에는 인구수도 작고, 효용가치 대비 들어가는 추가비용이 너무 커서 거절을 하려고 합니다.

왜냐하면 이미 철도 건설을 위한 토지 수용이 끝났고, 건설 장비와 인력이 투입되어 진척을 시키고 있는데 가평까지의 추가 연결은 설계-인/허가-건설 등의 모든 프로젝트 단계를 별도로 거쳐야 하면서도, 다른 건설 구간의 완공 일정에 맞추어야 하기 때문에, 가용 가능한 시간에 맞추어 일을 진행하려면 졸속/부실 공사가 되거나 아니면 돈을 쏟아부어서(주/야간 근무, 인력을 추가로 고용 등) 시간을 벌 수밖에 없습니다.

위의 그래프에서 보여주듯이, 거의 Closing 단계에 있는 프로젝트에 커다란 추가 역무는 그야말로 재앙입니다. 돈 먹는 하마가 될 뿐만 아니라, 프로젝트 매니저는 욕도 같이 먹습니다. 너무 늦은 추가 역무를 거절하는 것도 프로젝트 매니저의 할 일입니다.

FEL의 각 단계에서 요구되는 성과물들을 제가 진행한 실제 프로젝트에 맞춰서 예를 들어보겠습니다.

증기 감압밸브(Pressure Reducing Valve – PRV)를 증기터빈 (Back Pressure Turbine)으로 교체하는 프로젝트

산업공정에서 증기는 거의 필수요소이고, 그만큼 수요도 많으며 또한 문제도 많습니다. 대개 보일러에서 고압증기를 생산하여, 1차적으로 증기터빈을 돌려서 전력을 생산한 뒤에, 남은 증기의 잔열과 압력을 공정에 이용합니다(고압은 어디까지나 상대적인 의미이고, 각 회사에서 어떻게 정의 하느냐에 따라서 다릅니다).

터빈을 거치고 난 이후의 공정증기 압력은 각 회사마다, 각 공정마다 다르지만, 이 프로젝트에서는 350 psig(SI Unit으로는 24 bar.g)의 과열 증기(Superheated)가 각 사용처에 기본적으로 공급되고, 각 사용처에서는 실제 필요한 압력에 맞추어 압력과 온도를 추가적으로 낮추어서 사용하도록 이미 건설이 되어 있었습니다.

감압밸브를 사용한다는 것 자체가, 설계/운전의 측면에서 최적화가 안 되어 있다는 것을 의미합니다. 특히 지구온난화에 대응하기 위해서 에너지 효율을 높이려는 노력이 많이 보이는 현실에서, 압력을 낮추면서 에너지를 낭비하는 것은 지양해야 할 요소입니다.

이 프로젝트가 진행된 플랜트에는 여러 공정증기 사용처들이 있었지만, 그중에서도 3곳의 사용량이 각각 150,000lb/hr 정도로 많으면서도 압력을 350 psig(24 bar.g)에서 150 psig(10 bar.g)로 많이 낮추는 시스템(압력 저감밸브)을 가지고 있었기에, 저는 최적화된 소형 증기터빈의 설치를 통해서 비효율성을 제거하고 발전량 증대를 유도하여 궁극적으로는 에너지 효율을 높이고, 전력 구매비용을 낮출 수 있다고 보았습니다.

FEL- 0/1: 아이디어 단계로서 이 프로젝트가 가지는 잠재적 이익을 내부적으로 작성하고 평가하는 단계입니다.

여기서 제가 한 일은, 운전 데이터를 통해서 증기터빈의 크기 산정에 필요한 자료를 추출하는 것이었습니다. 데이터의 샘플이 충분하지 못하는 경우에는 계절이나 생산량 차이에 따른 변화들을 모두 알기가 어렵기 때문에, 터빈의 크기 선정이 적합하지 않을 수가 있습니다. 그래서 충분한 샘플을 얻기 위해서 매 1분마다의 간격으로 지난 3년간 증기 소모량, 압력, 온도 조건 데이터를 추출하였습니다.
 - 증기 소모량(lbm/hr)
 - 압력 저감 밸브 전후의 증기 압력과 온도(psig, deg.F)

그리고 일반적은 평균을 이용하는 대신에 데이터의 분포도를 확인하기 위해서 히스토그램을 사용했는데, 실제 프로젝트 자료를 책에 담을 수가 없기 때문에, 분포도는 Microsoft Copilot을 이용해서 그려보았습니다.

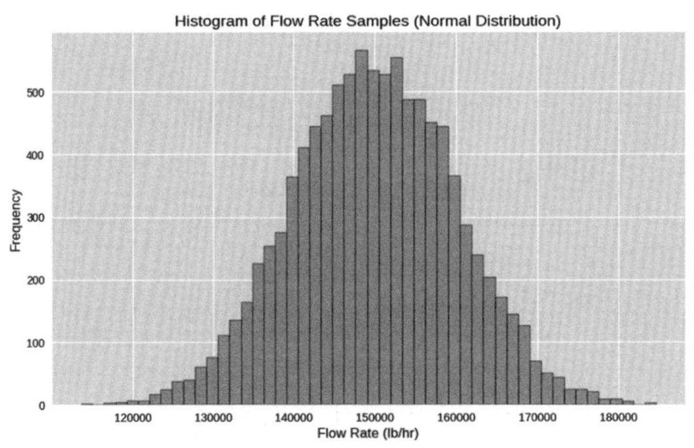

히스토그램의 장점으로는 각 데이터 샘플의 빈도수를 보여주기 때문에, 경제성을 최적화할 수 있는 증기터빈의 운전 구역을 미리 알 수가 있다는 것입니다.

모든 증기 소모량 구간을 커버하기 위해서는 상대적으로 큰 터빈이 필요하며 연간 발전량 또한 15,000,000KWH에 불과하지만, 증기 사용량 빈도가 높은 구간에 최적화된 터빈을 선정한다면, 조금 작은 터빈으로도 연간 20,000,000KWH를 넘는 즉, 30% 향상된 발전량을 기대할 수가 있습니다. 대신 증기량이 낮아서 경제성이 없는 구간에서는 기존의 압력저감밸브(PRV)를 계속 사용하도록 역무범위를 설정하였습니다.

이 과정에서 증기터빈 제작사와의 협업이 필요한데, 증기터빈과 같이 중요한 장비들은 거의 100% 품질이 증명된 곳에서 구매를 합니다. 큰 증기터빈이라면 미국의 GE, 독일의 지멘스, 일본의 미쯔비시 그리고 한국에서는 두산중공업이 있지만, 현재 소형 증기터빈을 만드는 제작사들은 그렇게 많지 않습니다. 인도나 중국에 잘 알려지지 않은 제작사들부터 독일의 지멘스(Siemens), 하우덴(Howden) 정도가 있습니다.

증기터빈 제작사와의 협업을 통해서 최적화된 터빈을 선정하고, Budgetary Quote(예산 작성을 위한 견적)을 받게 됩니다. Budgetary Quote는 말 그래도 초기 견적에 불과하기 때문에, 이를 사용해서 바로 터빈을 구매하지는 않습니다.

이 프로젝트에서 선정한 터빈은 평균 발전량 2.5MW의 Single Stage, Back Pressure Turbine이었습니다.

자 이제는 발전량을 통해서 얼마나 경제적인 이익을 얻을 수 있는지 알아보아야 하겠습니다.

- 증기터빈 용량
  - 평균 2.5MW
  - 최대 3MW
- 연간 실제 발전량(지난 3년간의 데이터 기반)
  - 21,000,000KWH

- 전기 요금
    - $0.08/KWH
- 연간 에너지 절약
    - $ 1,680,000(약 21억- 환율 1,300원 기준)
- 프로젝트 비용 (+/-50%)
    - 증기터빈 초기 견적: $1,500,000(약 19억- 환율 1,300원 기준)
    - 설치 비용 초기 견적(터빈 가격의 2배): $3,000,000(약 39억)
    - 총 예상 금액: $4,500,000(약 58.5억)
- IRR(Internal Rate of Return) : 22%
- Simple Payback(프로젝트 금액 회수 기간: 3년 이내

이 모든 것이 계산되었고, 경제성이 확인되었으면 이제는 이 아이디어를 공론화 시켜서 추진력을 얻어야 할 차례입니다.

저의 직책은 본사 소속 엔지니어이기 때문에, 해당 플랜트에서 프로젝트를 진행하려면 해당 플랜트의 소장(General Manager), 엔지니어링 팀장(Engineering Manager), 그리고 공정증기 계통 운영을 담당하는 유틸리티팀(Utilities manager) 등의 동의와 지원이 필요합니다.

그래서 이 모든 데이터를 공유하고, 어떻게 현재의 결론에 도달하였는지를 상세하고 설명하는 공청회 과정을 거쳐야 했는데, 이 프로젝트의 경우에는 워낙 경제성이 뛰어났기 때문에, 생각보다 쉽게

Site Leadership(플랜트 운영에 관계된 고위 관계자들)의 동의를 얻을 수 있었습니다.

FEL-2(경제성/개념설계): 이 단계에서는 프로젝트의 Ownership이 해당 플랜트로 넘어갑니다. 플랜트에 상주하는 프로젝트 매니저가 배정되며, 모든 자료가 저에게서 프로젝트 매니저로 넘어가고 이 과정에서 인수인계를 하게 됩니다.

프로젝트 매니저는 FEL-1 결과를 바탕으로 대안을 찾아보고, 대안들의 경제성을 분석하며, 현재 선정된 안이 최적의 해답인지를 검증합니다. 또한 초기 수준의 엔지니어링이 시작되어 P&ID, Flow Diagram 등이 개념단계로 작성되기 시작합니다. 그리고 +/-30%의 정확도를 가진 예산과 프로젝트 시간표, 일정 등이 작성되며 위에서 언급한 재무 지표들이 최신 정보를 바탕으로 다시 업데이트됩니다.

물론 이 모든 과정에서 저는 프로젝트 입안자이자 Subject Matter Expert로서 상당한 수준의 참여도(Involvement)를 유지하지만, Micro-Manage하지는 않습니다. 사공이 많아 봐야 배는 산으로 갈 뿐이고 이미 프로젝트 매니저가 운전석에 있는 관계로, 저는 어디까지나 큰 틀에서만 방향성을 유지하도록 합니다(본사에서의 제 역할이 바로 각 플랜트 간에 효율성을 향상하면서, 어느 정도의 통일성을 유도하는 것이기 때문입니다).

기한으로 따진다면 대개 3개월 이내에 모든 과정이 끝나게 되고, 아주 큰 리스크가 있지 않은 이상 무난하게 다음 단계인 FEL-3(상세 설계)로 넘어갑니다.

단, 프로젝트의 승인 과정이 결코 쉬운 것은 아닙니다.

플랜트 프로젝트 매니저는 플랜트 엔지니어링 팀장, 재무회계 팀의 검토/승인을 거쳐서 최종적으로 운영소장(General Manager)에게 보고를 통해서 플랜트 수준에서의 최종 승인을 받아야 합니다. 그리고 플랜트 운영 소장은 이를 본사 소속의 고위 관계자들에게 보고하고, 프로젝트의 크기에 따라서는 CEO의 승인까지 득해야만 최종 승인이 떨어지는 것입니다.

각 플랜트들이 한정된 자본을 획득하기 위해서 경쟁하기 때문에, 경제성이 좋은 프로젝트를 가져갈수록 우선적으로 자원을 배분 받을 확률이 높아지며, 해당 플랜트 소장의 의사소통 능력, 정치력에 따라 큰 영향을 받습니다. 대부분 플랜트의 꼭대기까지 올라간 사람들은 상당한 정치력을 기본으로 가지고 있긴 합니다. 또한 경제성이 아예 없지만 아주 중요한 프로젝트들도 많은데, 특히 유지보수 프로젝트들이 그러한 경우입니다. 유지보수 프로젝트들이 경제성이 떨어지는 이유는 생산량의 증대를 가져오지 않고, 기존의 생산량과 운전 시간을 유지하기 때문입니다. 그렇지만 이를 수행하지 않는다면, 기존 공장의 생산량이나 운전 효율이 감소하는 결과를 가져올 것을 알면서도 다른 프로젝트의 경제성에 밀려서 예산을 배정받지 못하는 경우가 상당히 많습니다.

FEL-3(실시설계): 이제는 본격적으로 외부 엔지니어링사가 설계를 주도하기 시작합니다. 각종 설계 성과물들이 건설을 시작할 수 있을 정도의 정확도를 갖추어 작성되기 시작하고, 수많은 검토회의들이 끝없이 이어집니다. 이 단계에서는 알려진 모든 리스크에 대해 검토가 끝나야 하고, 이에 대한 대비가 되어 있어야 합니다. 특정 리스크를 감수할지, 아니면 추가 비용을 투자해서 리스크를 제거할 지 등 모든 것이 프로젝트 매니저의 결정에 달려 있습니다. 그리고 이때 건설을 주도할 사업자의 선정을 준비하는데 대부분 Single Source는 허용되지 않고, 경쟁 입찰을 실시하여 최소 3곳 이상으로부터 견적을 받게 됩니다.

그리하여 실시설계 성과물, 최종 예산(+/−10%)와 프로젝트 스케줄, 그리고 업데이트된 재무지표들이 건설을 시작하기 전에 마지막으로 필요한 결과물이 되겠습니다.

기한으로는 최소 6개월에서 12개월 정도 소요가 되며, 본사 소속 엔지니어로서 저의 역할은 더더욱 작아집니다. 앞에서 언급하였듯이 제 역할은 각 플랜트의 효율성을 개선할 수 있는 큰 그림을 그리고, 유지보수를 위한 통일성 증대, 공정 최적화를 하는 것이어서, 각 프로젝트의 디테일까지 신경을 쓰기에는 해야 할 일이 너무 많기 때문입니다.

그래서 커다란 검토회의에만 간헐적으로 참여하고, 실제 건설단계인 FEL 4에서는 참여도가 거의 최소수준으로 떨어지게 됩니다.

이 프로젝트는 실제로 제가 입안을 해서, 증기터빈 선정을 했고 현재 설계가 진행 중인 프로젝트입니다. 물론 이제는 전문적인 인력이 참여를 하기 시작하면서, 저의 기여도는 아주 낮아졌지만 그래도 제

가 꾸준히 관심을 가지고 지켜보고 있습니다. 이렇게 직접 노력을 쏟
아부어서 발굴해 낸 프로젝트들은 굉장히 애정도 많이 가고 느낌도
남다릅니다.

프로젝트의 단계- PMI

미국 프로젝트 매니지먼트 협회(PMI)에서는 프로젝트의 각 단계를 다음과 같이 정의합니다.

Initiation

프로젝트를 기획하는 정말 초창기로서 Business case를 탐색하고, 역무가 확정되지 않은 초기 단계에서의 예산(Budget), 공정(Process), Risk(위험성), Key Stakeholder 등을 확인하고 이를 바탕으로 프로젝트를 기안하여, 승인을 득하는 단계입니다. 여기서 말하는 최종 실행으로의 승인이 아니라 다음 단계인 Plan(계획)으로의 승인을 말합니다.

가장 우선 작성되는 자료가 바로 Project Charter이며 Rationale(프로젝트가 필요한 이유, 대개 시장상황의 변동 및 재무적인 요소가 포함.), Proposal(프로젝트를 통해 성취하고자 하는 목표), Schedule(일정), Budget(예산), Risk(위험도) Key Stakeholder에 대해서 High Level Information을 광범위하게 제공하는 핵심 성과물입니다.

또한 역무를 구체화하고 추가적인 검토를 진행하기 위해서 다음 Plan 단계에서 반드시 집행해야 하는 금액이 구체화되어 항목별로 나열되고 결재권을 가진 사람들에게 공유되기도 합니다. 예를 들면 기본설계를 진행하기 위한 외부 용역 비용이 있을 수가 있으며, 추가로 리스크를 관리하기 위한 환경 영향 평가 등의 비용이 있을 수가 있습니다. 그리고 프로젝트의 전체 예산이 다시 한번 산출되는데, Initiation 단계의 마지막에서는 초기의 예상 금액 대비하여 +100%/-50% 정도의 증가와 감소를 일반적으로 기대하게 됩니다.

Plan

시장 상황 및 상용 기술, 사용 가능한 자산을 바탕으로 각종 대안을 탐색하는데 가장 타당하고 유력한 대안 2~3가지를 선택한 다음, 이에 대하여 상당히 깊이 있는 분석을 수행합니다. 이때, 결과는 기술적/경제적 요소를 반드시 포함하여야 하며 Technical Risk, Financial Risk, Market Trend(시장 동향), Demand(수요) 등의 다양한 요소들이 자세하게 분석되는 측면이 있습니다.

특히 기술적인 요소에 대해서는 외부의 설계사(Consulting Firm)가 개입할 수도 있지만, 자체적으로 진행할 수 있는 내부 인력이 있다면, 내부 인력을 통해서 기본설계(Conceptual Engineering)를 진행할 수도 있습니다.

기본설계가 진행되면 PM은 프로젝트를 완성하는 데 필요한 각종 기자재의 목록과 수량을 큰 틀에서 알 수 있게 되며, 이를 바탕으로 필요한 공정과 인력 그리고 한층 자세한 예산의 산출이 가능해집니다. 이때, 기본설계를 바탕으로 다시 작성된 예산은 이전 단계인 Initiation 대비하여 +50%/-50%의 예산 증감률을 기대하도록 되어 있습니다.

PM의 입장에서는 설계적인 측면에서 일이 많은 단계이며, 특히 사

내의 주요 관계자들과의 의사소통이 매우 중요한 때이기도 합니다. 특히 여러 가지 대안을 놓고 상업성을 보장하는 기술적 대안을 도출해야 하기 때문에, 회사 내에 다양한 학력, 배경을 가진 사람들과 많이 일을 하게 되는 경우가 아주 많습니다.

MBA 배경을 가진 Commercial/Strategic 부서의 사람들과 회의를 하기도 하며, 법적 타당성을 검토하기 위해서 외부 법무법인이나 내부 법무팀과 협업을 할 때도 있습니다. 또한 Constructability Review(시공성/건설 용이성 검토)를 위해서 외부 건설사와 일을 할 때도 있고, 추가 인원을 배치받기 위해서 인사과(Human Resources)와 같이 이야기를 할 때도 있습니다.

이렇게 많은 인원들과 일을 해야 하기 때문에 투명한 Communication 그리고 적절한 조율 능력과 언어 능력이 매우 중요한데, 누차 말하지만 영어가 모국어가 아닌 사람에게는 상당한 도전입니다. 여기에 실제로 일하다 보면 협업을 해야 하는 대상이 까칠한 사람도 많고, 그냥 모난 사람들도 많기 때문에, 언어까지 따라주지 않는다면 더더욱 스트레스를 안고 살아갈 수밖에 없습니다(제가 그래서 머리가 계속 빠지는 것일 수도…).

하지만 이를 어떻게든 잘 추슬러서 프로젝트를 이끌어 나가야 하는 것이 PM의 책무이니, 이 단계에서 너무 좌절하거나 힘들어하지 않았으면 합니다. 여러분은 할 수 있습니다!

Execute

PMI에서는 실행단계라고 하는데, 제가 겪은 일부 회사들은 이를

다시 2단계로 나누어서 Phase 1은 실시설계를 적용하고, Phase 2
는 실제 건설이 시행되는 단계로 구분하기도 합니다.

실시설계가 끝나게 되면, 95% 이상의 Risk가 이미 발견되고 이를
어떻게 관리할 것인지 계획이 작성되어 있어야 합니다. 리스크를 안
고 갈 것인지, 아니면 비용을 들여서 관리할 것인지 등등 그리고 이
를 바탕으로 예비비용 Contingency rate가 결정되어서 예상치 못한
Risk에 대비하도록 정해집니다.

Phase 1을 마친 상태에서 예산은 +/−10%의 오차율을 가지도록
매우 구체화됩니다. 이제는 크게 바꿀 것도 없고, 더 이상 큰 위험
도 없습니다. 그리고 이렇게 작성된 금액을 바탕으로 시행계획, 예상
공정, 인력투입계획 등을 작성하여 최종 승인을 받는 단계를 거친다.
회사마다 다르지만, 최종 예산이 $1MM(환율 1,300원 기준으로 13억)
을 넘어가는 경우에는 C−Level의 승인까지 득해야 하는 경우가 많
으며, 간혹 가다가 C−Suite에서 프로젝트 관련 질문을 전화나 이메
일을 받는 경우도 있으니, 그야말로 초긴장입니다.

최종승인을 받고 나면 이제는 금액을 집행하는 단계(Phase2)에 접
어듭니다. 구매결정서 Purchasing Order(PO)를 각 협력사에게 발
송하여 기자재를 구매하고, 현장 인력을 수급하기 시작합니다. 그리
고 기자재와 인력이 현장에 도착하기 시작하면, 각종 설비가 잘 설치
가 되고 있는지, 공정상 지연이 발생하고 있지는 않은지, 각종 안전
문제는 없는지 등을 확인하고 진행하는 것이 PM의 주 업무가 됩니
다.

이렇게 실제로 건설단계에서 PM은 가장 바쁘고, 현장에 실제로 상

주를 하게 됩니다. 도면상에서는 계획서상에서는 완벽하다고 생각했던 모든 것들이 현장에서는 이상하게도 잘 안되는 게 많아서 예상치 못했던 문제들도 많이 발생하고 이를 즉각적으로 해결하려면 프로젝트에 대한 권한을 지니는 PM이 현장에 있어서 진두지휘를 할 필요성이 있습니다. 당연하게도 건설 공정부터 자금집행 현황까지 모든 것을 총괄해야 하기 때문에, 이때가 가장 체력적으로 힘든 시기입니다.

Monitor/Control

현장에서 이 단계는 대개 Execute- Phase 2와 병행되는 경우가 대부분인데, 많은 활동을 추적하고, 자금 집행, 일정 등이 예정대로 흘러가는지를 보기 때문입니다.

Close

제목 그대로 프로젝트가 완료되어서 마무리를 하는 단계입니다. 시운전 단계가 여기에 포함될 수도 있고, 아니면 건설의 마지막 단계에 있을 수도 있는데, 프로젝트를 책임지는 주체가 이제는 프로젝트 매니저에서 실제 운전/운영부서로 넘어가는 단계라고 보시면 됩니다.

프로젝트 매니저 입장에서는 모든 자금 집행을 마무리하고, 아직 지불되지 않은 금액이 있다면 이때 모두 집행해서 회계상으로 문제가 없도록 조치를 취해야 합니다.

모든 지불 행위가 끝나고 나면, 이제 예산 대비하여 어느 정도의 금액이 사용되었는지 검토를 하고, 프로젝트에서 배운 점과 실패/개선 사례 등을 모아서 전파하는 것이 마지막이 됩니다.

성공적인 프로젝트를 위한 필수요소

프로젝트를 수행하는 데에 있어서 아래의 4가지 요소가 프로젝트의 성공에 있어서 아주 중요하다고 생각을 합니다.

- 역무(Scope)
- Schedule/Deadline (기한)
- Budget(예산)
- Project Manager/Project Team(인적요소)

역무(Scope)

Scope는 프로젝트의 범위를 의미합니다. 초창기에는 프로젝트의 목표를 설정하는 단계이기 때문에, 역무가 어느 정도 바뀔 수가 있지만 프로젝트가 점점 상세화 되어갈수록 역무는 점점 고정되어 갑니다.

위에서 언급한 증기터빈 프로젝트를 예로 들어보겠습니다.

FEL-1 단계에서는 역무가 기존 PRV 근처에, 약 2.5MW 용량의 증기터빈을 설치하여 발전하는 것이었습니다.

하지만 FEL-3 단계에서는, 증기터빈을 기존 PRV에서 동쪽으로 약 50피트 위치한 곳에 설치하며, 증기터빈 전후로 새로운 배관(직경

10인치)을 약 100피트 정도 설치합니다. 또한 증기터빈을 외부 날씨로부터 보호하기 위한 외벽과 발전된 전기를 공급할 전선과 송배전 설비 역시 구비해야 함으로 아주 굉장히 자세해졌습니다.

그리고 건설 단계에 들어가서는 정말로 역무가 더 이상 바뀌어서는 안됩니다. 이때부터 역무가 바뀐다는 것은 천문학적인 금액이 추가로 소요된다는 것을 의미합니다. 막말로, 기초공사를 하다가 온천수를 발견하는 등의 변화가 아닌 이상, 기존의 프로젝트 역무는 절대로 변해서는 안 됩니다. 물론 건설 과정에서 발생하는 오류로 인한 소소한 변화는 있습니다. 예를 들어 열교환기를 특정 지점에 정확하게 설치했어야 하는데, 그 위치에서 약 2미터 떨어진 곳에 잘못 설치되었다던가…. 이런 실수로 인한 변화는 소소하게 계속 있겠지만, 역무상에 커다란 변화(냉각탑이나 고압 송전/수전 설비 추가 등)는 절대로 없어야 합니다.

일정/기한

언제까지 공사를 마치겠습니다,라는 약속은 프로젝트 매니저에게 있어서 매우 중요한데 왜냐하면, 시간과 인력은 모두 비용이기 때문입니다.

프로젝트 일정은 Top-Down 즉, '위에서 언제까지 끝내라' 하고 내려오는 방식이 있는 반면에, 모든 필요 공정을 계산하여 '모월 모일, 언제까지 공사를 마치겠습니다.'라고 위에 보고하는 방식(Bottom-Up)이 있습니다. 예를 들어서 발전소를 지으려고 하는데, 사업주에서 요구하는 기간은 3년이지만 핵심기기인 가스터빈을 조달하기까지 걸리는 기간이 2년 10개월이라고 가정을 해보겠습니다. 아무리 설계를 미리 끝내고, 가스터빈만 도착해서 설치하면 모든 공정이 끝날 수 있도록 마법을 부리지 않는 이상, 사업주가 원하는 3년 안에 프로젝트를 완성하기는 어렵습니다. 왜냐하면 가스터빈을 설치한 뒤에, 천연가스 배관도 연결해야 하고, 각종 제어시스템, 등의 설비를 설치하고 시운전하는 데 적지 않은 시간이 걸리기 때문입니다.

첫 번째 방식(Top-Down)은 대개 시장이 변화무쌍하게 움직이거나, 조만간에 큰 수요가 있을 것으로 예상될 때, 또는 사업주/고객사가 원하는 시기를 맞추기 위해서 주어지는 경우가 많습니다. 그렇기 때문에, 프로젝트의 완성 기한이 회사의 전략적인 측면에서 정해지고, 프로젝트 매니저는 이를 준수하기 위해서 노력을 해야만 합니다. 쉽게 말하면, '프로젝트를 정해진 기한 내에 끝내기 위해서 필요하고 합리적인 모든 비용은 청구 및 집행이 가능하다.'라고 보시면 됩니다.

또 한번은 시장의 특정 제품 수요가 급증해서 이를 맞추기 위해, 가동을 중단한 지 10년 정도 되는 생산 라인을 3개월 안에 재정비하여 생산이 가능하도록 하라는 지시를 받은 적이 있었습니다. 대개 Time-Sensitive 한 프로젝트들은 프로젝트 비용이 올라갈 수밖에 없습니다(시간을 돈으로 사야 하기 때문입니다). 인력도 더 고용하고, 자재를 신속하게 구매하기 위한 급행료도 지불을 해야 하기 때문에, 비용은 더더욱 올라갑니다.

저는 예산을 산정하기 전에 한번 시설을 둘러보았는데, 10년 동안 가동이 중단된 생산라인은 그야말로 엉망진창이어서, 거의 모든 것을 새로 구매하고 설치하여야 했습니다. 왜냐하면 공장을 운전하고 유지하는 사람들의 눈에는 그야말로 공짜 Spare Parts(예비 부품)이기 때문에, 없어진 기기와 밸브들이 아주 많았습니다.

그리고 회전 기기(모터, 펌프 등)들은 가동을 멈춘 지 오래되면 그대로 고착이 되어서, 다시는 작동을 할 수가 없게 됩니다. 그렇기에 모든 회전 기기들을 교체해야 했고, 일반 강철로 된 배관과 저장용기들은 심각하게 녹이 슬어서 이들 역시 교체가 되어야 했습니다. 배관이나 저장용기들은 대개 대기압보다 높은 압력 하에서 운영을 해야 하기 때문에, 녹이 슬거나 작은 균열 등이 발생하면 안전에 큰 위험이 됩니다. 마찬가지로 제어밸브 등 움직이는 밸브들 역시 전부 교체 대상이었습니다.

이 모든 것들(각 기기와 밸브 등의 제작, 운송 기간과 실제 설치 시간, 시운전 기간, 주/야간 공사 인력 등)을 고려하였을 때, 약 $4MM(약 52억, 1,300원 기준)의 예산이 적절하다고 판단을 하였습니다. 그리고 모든 것을 신속하게 집행하고 진행하여야 하는 프로젝트의 특성상 일반적인 10%의 Contingency(예비 비용)보다는 높은 20%를 확보하는 것이 합리적이라고 판단하여 리더십의 승인을 얻었습니다.

결국 프로젝트의 승인된 예산 $4MM을 적절히 사용해서 3개월 만에 해당 생산라인을 가동할 수 있는 수준으로 재정비하였습니다. 이 프로젝트는 위험도가 높아서 제가 항상 현장에 붙박여 있어야 했기 때문에 심적으로나 체력적으로 굉장히 부담이 되는 프로젝트였는데, 결국에는 성공적으로 끝나서 굉장히 기뻤던 경험이 크게 남습니다. 이러한 프로젝트는 프로젝트 매니저 본인에게는 굉장히 큰 기회가 됩니다만 가족들에게는 상당한 희생을 요구하기도 합니다. 제때 확인하고 일을 진행하려면 결정권한을 가진 PM이 항상 상주하는 것이 유리했기 때문에, 저 대신에 야간 공정을 맡아줄 Construction Manager를 추가로 고용했음에도 시대 때도 없이 터지는 상황에 대응하기 위해서 야간에도 전화 통화를 했어야 했고, 최악의 경우에는 한밤중에도 현장으로 직접 가서 상황을 진두지휘해야 했던 적도 많았습니다. 하지만 고생 끝에 낙이 온다고 모든 것이 잘 돌아가고 실제로 제품이 만들어지는 걸 보면서 느끼는 그 뿌듯함은 정말 잘 모르실 겁니다.

두 번째 방식(Bottom-up)은 대부분의 프로젝트가 해당하는 일정을 작성하는 방식입니다. 필요한 모든 작업을 나열하고, 각 작업들 간의 선후관계 필요성을 따져서, 일정을 만들기 시작합니다. 모든 요소들을 따져보고 검토하는 기간을 거쳐야 하는 굉장히 전통적인 방식인 만큼 시간도 오래 걸리는 편이지만, 대신에 아주 많은 요소들이 포함되고 고려된 일정인 만큼 공기를 맞추는 데에 큰 무리는 전혀 없는, 합리적인 일정입니다. 저처럼 좀 도전적인 프로젝트를 좋아하는 프로젝트 매니저 입장에서 보면 재미없는 유형이라고 할 수 있습니다.

예 산

항상 돈이 문제입니다. 위에서 제가 언급한 생산라인 재정비 프로젝트는 시간이 극히 짧았고 리스크가 너무 많아서, 통상적인 10%의 예비비용(Contingency)이 아니라 20%의 예비비용을 허가 받았는데, 그렇지 않고서는 여기저기서 튀어나오는 예상 밖의 상황들을 모두 해결할 수 없었을 것입니다.

우리가 일반적인 프로젝트 매니지먼트 표준을 따른다면 건설단계에 돌입하면서 총예산의 10%만 예비비용으로 남겨두도록 되어 있습니다. 여기서 만약에 PM이 무엇인가를 빠트려서, 예산이 초과된다면 이제는 추가 예산을 요청해야 하는데 이를 Supplemental(추가 예산)이라고 부릅니다.

PM의 입장에서는 가히 최악의 시나리오인데, 이 역시 회사마다 조금씩 다릅니다. 어떤 회사는 PM에게 가능한 타이트하게 예산을 짜도록 지시하되 대신에 Supplemental에 대해서 좀 관대한 곳도 있습니다. 반대로 Supplemental은 절대 악이라고 생각하는 회사도 있습니다.

물론 정말로 불가피한 경우가 있습니다. 예를 들면. COVID-19으로 인해서 Supply Chain이 붕괴되고, 각종 견적서의 유효기간이 24시간까지 짧아졌던 경우도 있었고, 우크라이나 전쟁으로 인한 예상치 못한 납품 기한의 길어짐, 가격 변동 또는 자연재해 등은 정말로 예상이 불가능한 사항이라고 할 수 있기 때문에, 여기에는 어느 정도 정상 참작이 가능합니다. 하지만 최악은 한 번 예산 초과로 인해서 추가비용을 승인 받았는데, 여기에 다시 한 번 추가비용의 승인을 요청하는 경우입니다.

당연하게도 Supplemental은 가능하면 피하는 것이 좋습니다. 하지만 회사에서 Supplemental을 신청하는 프로젝트 매니저에게 불이익을 준다면, PM은 자기 자신을 방어하기 위해서 예산을 과다하게 산정하게 됩니다. 그리고 예산 과다 선정의 단점은 정해진 총예산으로 할 수 있는 일이 줄어든다는 것입니다.

예를 들어서 회사의 1년 예산이 100억인데, 모든 프로젝트 예산이 20~30% 뻥튀기 되어버리면, 10개 프로젝트를 할 수 있을 거라고 생각했던 것이, 단 6개의 프로젝트만 수행하게끔 줄어든다는 것입니다.

그래서 제가 PM을 할 때는 실제로 남은 잔여, 미집행 금액에 대해서 아주 신경을 많이 썼습니다. 만약에 ABC프로젝트의 예산이 예비 비용을 포함해서 10억이었는데, 3억이 남아버렸다. 그러면 이는 제가 예산을 불가피하게 과다산정했다는 것을 의미합니다. 하지만 '미집행 금액이 1억 안팎이다.', 그러면 그야말로 Spot-On, 딱 맞춘 것입니다.

실제로 프로젝트 매니저들을 관리하는 팀장의 위치에 계신 독자분들이 있으시다면 '완공 프로젝트 미집행 금액'을 유심히 보시기를 추천합니다. 이 금액의 정도에 따라서 각 프로젝트 매니저의 퍼포먼스 역시 어느 정도 드러날 수 있습니다.

인적요소

프로젝트를 담당하는 팀의 인원 역시 아주 중요한 요소입니다. PMI 따르면 프로젝트 구성 방식은 여러 가지가 있는데, Functional, Weak, Strong 등으로 분류를 합니다. 아래의 구조는 Strong Organization이라고 불리며, 제가 겪어본 거의 모든 프로젝트 팀 구성이 아래와 같았습니다.

프로젝트 팀원들은 각각의 팀장/매니저가 따로 있으며, 프로젝트에 한해서만 협업을 하는 구조입니다. 이 방식의 단점은 우선 프로젝트 매니저가 강력한 권한이 없다는 것입니다. 프로젝트 팀원이 막말로 깽판을 쳐도, 이를 제지하거나 개선할 마땅한 방법이 없습니다. 왜냐하면 인사권한이 각 팀장들에게 있기 때문입니다. 그래서 각기 다른 구성원들이 하나의 목표에 맞추어서 에너지를 쏟아부을 수 있게끔 유도하여야 합니다. 끊임없이 각 책임 사항의 진도/성과를 확인하고, 여러 가지(엔지니어링, 구매, 건설, 안전, 운전, 등)를 모두 조율하여야 하기 때문에 어떻게 보면 오케스트라를 지휘하는 지휘자라고 보아도 무방할 것입니다.

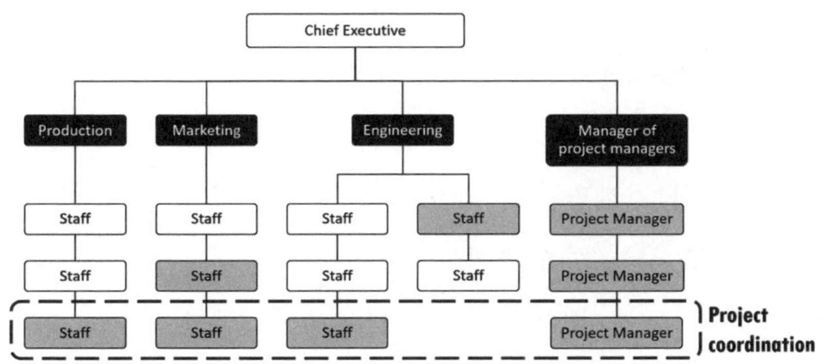

프로젝트 팀의 구성 중에서 진정하게 프로젝트에 특화된 구성은 아래와 같습니다.

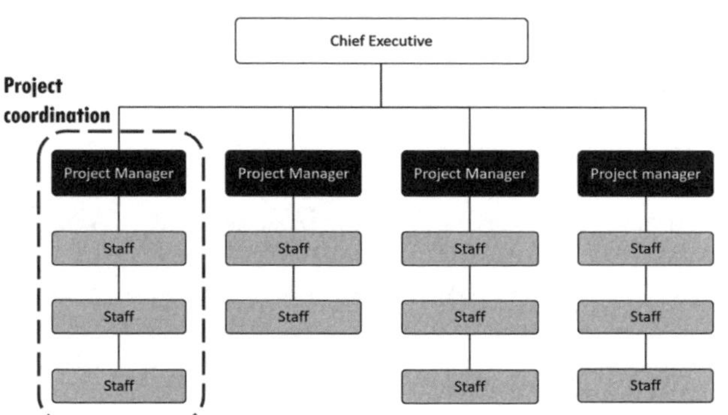

프로젝트 팀원에 대한 인사권을 가지고 있으며, 프로젝트 매니저가 직속 상사가 되는 구조입니다. 아직까지 제가 겪어보지 못한 구조이며, 제가 근무했던 그 어떤 회사에서도 실시하지 않은 방식이기도 한데, 이러한 구조는 프로젝트가 마무리되면 팀이 통째로 날아갈 수 있는 구조어서 그럴 수도 있겠습니다. 프로젝트 팀원 중에서도 가장 핵심인 프로젝트 매니저는 어떨까요?

프로젝트 매니저(Project Manager)

Project Manager는 말 그대로 프로젝트를 총괄하는 역할을 수행하며, 적어도 그 프로젝트에 한하여 그 안에서는 강력한 권한(Authority)을 가지고 무한 책임을 지는 사람이라고 할 수 있습니다. 그렇지만 모든 것을 혼자서 결정할 수는 없고, 특히 초창기의 Scope, Schedule, Budget Development 과정에서는 많은 협업이 필요하고, 결정적이고 아주 중요한 사항들에 대한 결정은 항상 승인을 득하여야 하기에, 많은 노력과 회의들을 주재하고 명료하게 요약하는 등 어떻게 보면 중재자에 가깝다고 보여집니다.

그리고 재무(Finance), 회계(Accounting), 안전(Safety), 운전(Operation), 건설(Construction), 설계(Engineering), 시운전(Commissioning), 계약(Contract) 등 굉장히 다양한 분야에 대해서 폭 넓게 알 필요가 있고, 이 모든 분야를 총괄하여 조정하는 입장인 만큼 군대를 통솔하는 지휘관의 역할이라고 보시면 됩니다. 프로젝트에 대한 큰 그림을 이해하고, 세부사항들을 모두 조정해야 하는 위치인 것입니다.

프로젝트 매니저가 갖추어야 할 소양

프로젝트 매니저는 어떤 프로젝트가 주어질지 모르기 때문에, 한 우물을 깊게 파는 것보다는 다양한 분야를 두루두루 아는 것이 더 중요합니다. 물론 대부분의 경우에는 한 우물을 깊게 판 전문가(Subject Mater Expert)들이 프로젝트에 참여해서 기술적인 사항을 끌고 나가지만, 그래도 기본적으로 프로젝트 매니저도 어느 정도 내용을 이해할 수 있어야 '아, 이 사람이 나한테 거짓말을 하는구나.', '내용을 부풀리려고 하는구나.' 등 꼼수를 찾아낼 수 있습니다.

– Engineering Background

각 Industry에 따라서 PM에게 요구하는 지식과 정보가 달라지기 때문에 일괄적으로 답변하기는 어려우나, 우선 공학을 전공한 사람이어야 하고, 가능하면 기계, 토목, 전기/전자, 화공 등 Process에 대한 기초지식을 쌓을 수 있는 전공이 더 적합한 것 같습니다. 제조업들은 대부분 펌프, 열교환기, 냉각탑 등의 기기를 운용하기 때문에, 이를 제대로 설계하고, 이해할 수 있는 기반이 있는 것이 매우 중요합니다. 반대로 IT에서의 프로젝트 매니저는 당연히 다양한 프로그래밍 언어를 알고, 이해하는 것이 중요할 것입니다.

그리고 한 우물을 깊게 판 사람보다는 여기저기 찔러보고 폭 넓게 배운 사람이 유리한 직업이 바로 PM입니다. 본인의 전문 분야(기계, 화공 등)가 있는 상황에서 다른 분야(전기, 제어, 토목, 건축, 회계, 재정 등)에 대한 이해도가 추가적으로 있으면 프로젝트 매니저로서 성공하기에 아주 유리하다고 할 수 있습니다.

또한 기술사 자격증이 있으면, 그 자체로도 상당한 공신력을 가질 수가 있습니다. 그리고 기술사는 각 국가마다 체계가 다르기 때문에 한마디로 정의하기 어렵지만, 해당 국가에서의 자격증을 가지고 있어야 도움이 됩니다만 기술사를 가지고 있다는 사실 자체가 이미 엔지니어링에 대해서 상당한 지식과 경험을 가지고 있다는 것을 의미하기 때문에, 많은 프로젝트 매니저들이 기술사를 가지고 있습니다.

프로젝트 매니저가 기술사를 가지고 있다고 하더라도, Owner사의 기술사는 절대로 건설용 도면에 본인의 날인을 하지 않습니다. 이것은 Liability(책임)에 관련된 것이라서, 설계한 주체(대개 설계사)의 기술사가 최종 설계 성과물에 날인을 합니다. 만약에 제3자가 설계한 설계 성과물에 Owner사의 기술사가 날인을 하고, 프로젝트에 문제가 생긴다면 책임소재를 따지는 것이 굉장히 어렵고 지저분해지기 때문에, Owner사의 엔지니어들은 절대로 함부로 날인을 하지 않습니다.

- Soft Skills

제가 가장 힘들어하는 부분이기는 한데, PM은 협업을 해야 하므로 독선적인 성격보다는 개방적이고 유연한 성격을 가진 사람들에게 조금 더 어울립니다. 한국어를 쓰건, 영어를 쓰건 어딘가 뒤틀리고 꽉 막힌 사람들은 항상 존재하기 때문에, 이러한 사람들을 잘 구슬리고 어울려서 함께 일을 할 수 있는 성격이 좋습니다. 하지만 저는 Engineering Firm(설계회사)에서 Career를 시작했기 때문에, Yes/No가 상당히 뚜렷하고 이를 선호하는 경향을 지니고 있었습니다. 왜냐하면 엔지니어링사에서 설계를 하다보면, Code와 산업 표준에 따라서 하기 때문에 설계에 적용이 가능한 사항과 가능하지 않은 사항이 확연히 가려집니다. 예를 들어서, ASME Pressure Vessel Code Section 1에 있으면 당연히 적용하고, 없으면 적용하지 않는다는 게 설계사 엔지니어의 기본이라, 호불호가 불필요할 정도로 명확합니다. 그리고 설계회사 출신의 장점으로는 굉장히 꼼꼼하다는 것에 있습니다. 프로젝트를 하면서 많은 사항에 대해서 가정을 하고 시작을 하는데, 설계사 출신들은 대개 많은 사항들을 꼼꼼하게 챙기면서 변수를 최소화하려는 것이 습관화가 되어 있어서 장점이 있습니다.

또한 커뮤니케이션이 아주 중요합니다. 논리를 깔끔하게 전개하는 방법, Presentation을 잘하는 방법, 대화를 잘 이끌어 나가는 방법, 상대방이 고집불통일 때 관계를 악화시키지 않고 일을 처리하는 방법, 정 안될 때 최후의 방법으로 그 사람을 건너뛰고 결정권자에게 바로 가서 그 사람을 바보로 만드는 방법, 등 기술적인 역량 이외의 것이 중요해지고, 아주 큰 도움이 됩니다.

이 모든 것이 중요하지만 결국에는 본인의 성격이 둥글게 둥글게, 좋은 사회성을 가지고 있는 것이 개인의 정신 건강에도 그리고 커리어에도 상당히 유리합니다.

- 운전에 대한 이해도

본인이 근무하는 직장에서 무엇을 만드는지, 어떤 과정을 거쳐서 만드는지에 대한 전반적인 이해도는 반드시 있어야 합니다. 플랜트는 기본적으로 24시간 돌아가고, 많은 프로젝트는 생산 공정을 개선하거나 현상유지하기 위해서 이루어지는 만큼 운전과 생산 공정에 대한 전반적인 이해는 필수적입니다.

발전소라면, 급수/복수/증기 계통을 이루는 핵심 기기의 역할에 대한 이해도과 엔지니어링 바탕(열역학, 열전달 등)을 가지고 있어야 할 것이고, 옥수수를 가공하여 과당을 만드는 곳에서 근무를 한다면, 옥수수가 어떻게 가공되어서 과당과 에탄올로 변하는지 설명을 할 수 있어야 할 것입니다.

예를 들어서 미국의 옥수수 습식제분(Wet Mill) 과정에 대해서 간략하게 설명을 해본다면,

옥수수는 트럭을 통해서 플랜트로 이송되고, 습분이 13% 전후
여야만 하는데 이를 초과하거나 미달하는 옥수수는 농부들에
게 반품됩니다.

기본 품질을 만족하는 옥수수는 용액에 불리고, 잘게 분쇄되
어 각 성분 별로 분리가 됩니다. 전분, 옥수수 껍질, Germ, 글
루텐 등이 분리가 되어 각각의 별도 공정을 거치지만, 전분의
경우에는 화학적 반응을 통해서 옥수수 과당(High Fructose
Corn Syrup) 생산에 사용되거나 에탄올 생산으로 유용하게 사
용됩니다. 옥수수 껍질은 기타 부산물과 합쳐져서 가축(소, 닭)
등의 사료로 사용됩니다. Germ은 가공을 통해서 옥수수 기름
으로 바뀝니다.

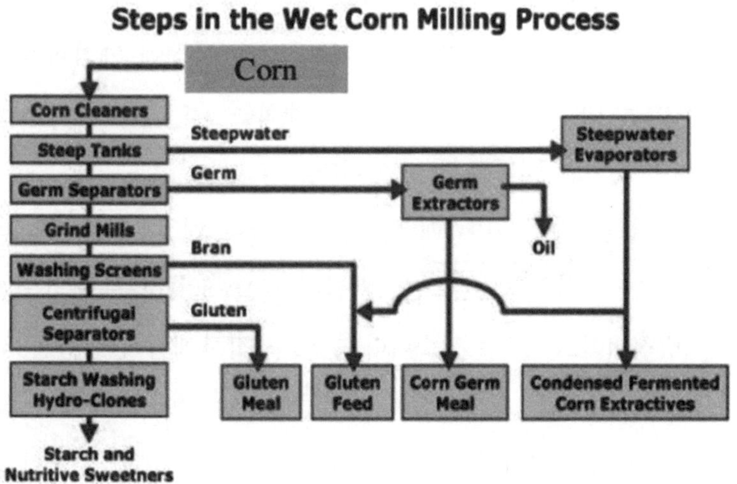

여기서 설명한 것은 굉장히 대략적이고 일반적인 수준입니다만

현장에서 직접 일을 하는 프로젝트 매니저 입장에서는 반드시 알아야 하는 기본입니다. 물론 각 공정을 구성하는 핵심 기기와 공정(온도, 압력, 점도 등)을 꿰고 있다면 더할 나위 없을 것입니다. 하지만 프로젝트 매니저가 전반적인 공정에 대해서 충분한 지식이 없다면 SME(Subject matter expert)에게 많은 것을 의존해야 하기 때문에, 프로젝트 매니저가 프로젝트를 이끌어 나가기보다는 오히려 중심을 못 잡고 끌려다니게 되는 경우도 생깁니다. 이런 프로젝트는 대부분의 경우에 예산이 초과하거나 기한을 못 맞추어서 실패로 끝나는 경우를 많이 보았습니다.

– 유지보수에 대한 이해

일반적으로 제조업의 공장들은 매년 계획정비 기간을 두고서, 주요 장비들의 예방정비(Preventive Maintenance)에 힘을 씁니다. 예방정비는 기기가 고장 나는 것을 사전에 예방하기 위해서 하는 정비작업을 말하며, 미국에서는 줄여서 PM(Preventive Maintenance)이라고 말을 합니다.

자동차를 예로 들면, 매 5,000mile마다 엔진오일을 교체하고, 100,000mile에서는 트랜스미션 오일을 교체하는 등의 작업이 예방정비라고 할 수 있습니다. 기기 제작사에서 권장하는 각 운전 시간에 따른 교체, 정비 작업들이 매뉴얼에 있으며, 이를 함으로써 기기/설비의 신뢰성을 높이고 예상치 못한 고장에 따른 생산 차질을 방지하는 것이 목적이라고 할 수 있습니다.

하지만 언제나 예상치 못한 기기/설비의 고장은 생기게 마련이고, 이러한 고장으로 인해 발생하는 생산 차질은 각 공장의 성과지표에 가장 큰 영향을 주는 비계획 정비(Unplanned Outage)로 처리가 됩니다.

제가 있었던 공장들은 대개 하루를 멈추면 약 20억 정도의 손실이 나는 곳이 대부분이었습니다. 그래서 계획정비, 예방정비, Predictive Maintenance(데이터를 바탕으로 기기의 고장이 발생하기 전에 미리 정비하는 것) 등에 굉장히 많은 투자를 했었습니다. 하지만 간혹가다 예방정비가 경제적인 이유로 또는 리더십의 새로운 지침으로 인해서 영향을 받는 경우가 있습니다. 기간이 기존의 3개월에서 6개월로 연장하여 적용하여야 하는 경우라던가 그 이상으로 불필요하게 연장하라는 지시를 받은 적도 있었습니다. 물론 명령체계를 따라야 하기 때문에, 이를 준수하지만 이렇게 예방 정비 기간을 권장기간보다 늘린 경우에는 항상 1~2년 내에 심각한 기기 손상이나 비계획 정비로 인한 상당한 금전적 손실을 겪은 경우가 많았습니다.

프로젝트 매니저의 역할은 유지보수와는 동떨어져 있지만, 프로젝트가 결국에는 유지보수 전략에도 영향을 미치기 때문에 유지보수와 회사 비용/이익의 상관관계 그리고 기술적 소요와 필요성을 경제성과 연결시킬 수 있으면 큰 장점이 됩니다.

– 건설 과정에 대한 이해도

대부분의 프로젝트는 생산시설이 연간정비를 거치는 한정된 짧은 기간에 맞추어서 많은 건설 공정을 기획합니다. 왜냐하면 연간 정비기간에 대부분의 전원(고전압, 저전압)이 내려가고 각종 시스템(증기, 압축공기, 청수, 폐수 등)이 작동하지 않기 때문에, 안전 관점에서 바라보았을 때, 배관과 각 장비들을 뜯고 개선하기에 아주 적합한 시기입니다. 다만, 연간정비 기간은 대개 7일에서 10일 정도로 상당히 짧기 때문에, 매우 잘 작성된 시간표와 계획이 필요합니다. 여기에 더 해서, 대부분 24/7 즉, 주간 야간으로 나누어서 공정/건설을 진행해야 하는 경우가 많습니다.

예를 들어서 프로젝트의 건설 과정에서 상당한 토목공사(굴착, 기초공사, 콘크리트 거푸집 등)이 요구되는데, 의사소통의 실수로 인해서 연간 정비 일정에 반영이 되지 못했다면 이건 큰 재앙입니다. 그리고 해당 토목 공정이 정말로 연간 정비 기간에 시행이 되어야만 하는 것인지도 확실하게 확인을 하여야 합니다. 대부분의 일을 연간정비 기간 안에 끝마칠 수 있다면 그렇게 하는 것에 당연히 좋습니다. 하지만 불가피하게 정비 기간을 이용해서 프로젝트를 끝마쳐야 한다면, 충분한 의사소통을 통해서 모든 해당 부서의 이해를 얻으시기를 강력하게 추천드립니다.

내 프로젝트의 공정이 끝나지 않아서, 공장이 돌아가지 못한다면 그 경제적 손실이 막대할뿐더러, 프로젝트 매니저 본인에게도 안타까운 경험으로 남게 됩니다.

– 재무/회계 등에 대한 이해

프로젝트 매니저는 대부분 엔지니어이기 때문에 아무래도 기술적인 전문성이 좀 더 중요시되는 경향이 있지만 기술적인 면이 프로젝트 매니저의 전부가 아닙니다. 하지만 일반적인 엔지니어들은 성능에만 주안점을 두다 보니, 성능 개선 또는 시설 개선이 필요하다는 것만 알고 기술적으로 설명을 하지, 이를 달성하기 위해서 필요한 비용, 일정 그리고 총비용(Total Cost of Ownership) 등의 경제성에는 약간 어두운 것이 사실입니다.

프로젝트는 경제성 또한 중요시되기 때문에, 프로젝트 매니저는 회사에서 요구하는 다양한 경제성 분석에 대해서도 알아야 하고, 실제로 수행할 수도 있어야 합니다. 특히나 회사의 예산을 관리하는 조직은 비 엔지니어 출신들이 대부분이기 때문에, 이들에게 기술적 소요와 필요성을 성공적으로 이해시키고 전략을 세우기 위해서, 엔지니어 출신들은 경제, 회계, 경영에 대한 지식을 많이 쌓을 필요가 있습니다. 즉, 엔지니어가 이해하는 공학적 언어가 아니라 재무/회계 출신들이 이해하는 그들의 언어로 설명을 할 수 있어야 하는 것입니다. 돈을 쥔 사람들을 설득하기 위해서는 화폐가치와 수익성을 가지고 이야기를 해야 하는데, 본인 혼자 열효율이 어쩌고저쩌고 해봐야 도움이 안 됩니다.

경제성이 없는 프로젝트는 국가/정부를 제외하고는 아무도 진행하지 않습니다. 하다못해 정부에서도 타당성 분석을 해서 경제적인 편익을 최대화할 수 있도록 노력하는 것이 현실인데, 하물며, 재무적인 이익이 우선시되는 사기업에서 경제성 없는 프로젝트를 진행할 리가 없습니다.

모든 프로젝트는 승인과정에서 어느 정도의 재무적 지표를 요구하며, 아래의 몇 가지 지표가 공통적으로 사용됩니다.

- Return on Investment(ROI) : 투자의 수익성을 측정하기 위해 사용되는 재무 지표로, 투자에 대한 총이익 또는 손실을 투자 비용과 비교하여 백분율로 나타냅니다.

제가 겪어본 회사들은 내년의 예산에 '고려'되기 위해서 통상적으로 15% 이상의 ROI를 요구했으며, 당연히 높으면 높을수록 예산이 확정될 가능성이 높습니다.

- Simple payback: 얼마나 빨리 투자금을 회수할 수 있는지 알려주는 지표.
- Net Present Value(NPV): 순 현재가치는 미래의 현금 가치를 현재의 가치로 환산하여, 미래의 가치가 현재의 가치보다 높아야 투자를 할 수 있다고 알려주는 지표입니다. 미래의 현금 가치가 현재보다 낮으면 당연히, 투자를 하지 말아야 합니다.
- Internal Rate of Return(IRR) 내부 수익률 : 투자 기간 동안 기대할 수 있는 연평균 수익률로, 투자의 수익성을 평가하는 중요한 지표입니다. 대개 12% 이상의 내부 수익률을 요구했던 것으로 기억을 합니다.

이 모든 지표를 계산하기 위해서, 각 회사에는 우수하고 똑똑한 재무부서에서 만든 엑셀 파일이 있습니다. 프로젝트 매니저들은 여기에 숫자들을 정해진 곳에 넣기만 하면, 나머지 지표들이 알아서 계산되어 나오는 구조입니다.

다만, 여기서 재무 지표들을 계산하기 위해서 필요한 자료들이 상당합니다.

– 해당 시점에서 예상되는 프로젝트 예산

– 프로젝트를 진행함으로써 예상되는 이익

- 유지보수 비용의 절약

- 에너지 사용량 저감

- 제품 생산량 또는 효율 증가

- 등등

이 모든 자료들을 프로젝트 매니저 혼자서 만드는 것이 아니라, 해당 유관 부서들의 검토를 거쳐서 어느 정도 증명된 수준으로 끌어올려야 합니다. 이렇게 생성된 데이터를 엑셀 파일에 입력하고, 재무팀의 최종 검토를 바탕으로 프로젝트의 정당성과 필요성을 윗선에 자신 있게 알릴 수가 있는 것입니다.

– 안전에 대한 이해

한국에서는 건설현장에 자주 나가보지 못했고, 상주해 보지 않아서 딱히 할 수 있는 말이 없지만, 미국에서는 Safety가 굉장히 중요하고 심각하게 다루는 요소 중에 하나이며, 나중에 성과를 판단하는 데에 있어서 결정적인 역할을 하기도 합니다. PM은 프로젝트의 책임자로서 안전관리에 만전을 기해야 할 의무가 있으며, 만에 하나 본인이 수행 중인 프로젝트에서

SIF(Serious Injury/Fatality)가 발생했고, 그의 책임이 PM의 부주의로 인해서 발생한 것이라면 그 회사에서의 직장생활은 끝이라고 생각하시면 될 겁니다.

SIF는 신체 절단 또는 사망 등 중대한 치료행위가 필요한 사고를 일컫는데, 일단 사건이 발생하면 OSHA(직업 안전 및 건강관리국) 그리고 해당 주 또는 연방기관에서 조사관이 파견되어 사건 조사에 들어갑니다. 그리고 사고의 경중에 따라서 벌금, 업무 정지 그리고 형사처벌이 뒤따르기도 합니다. 무엇보다도 자신의 잘못으로 인해서 누군가 다치는 것 자체가 견디기 힘든 일이라서 더 어려운 것입니다.

안전을 지키려면 무조건 Work Permit(작업 허가), LOTO(Lock Out Tag Out) 등의 모든 안전 절차를 따라야 합니다. 하지만 이러한 절차를 따르는 데에는 시간이 소요되기 때문에, "아, 빨리하고 넘어가자." 하면서 위반하는 순간에 대부분 사고가 발생하며, 그것도 큰 사고들이 대부분입니다.

각 현장마다 회사마다 다르지만, 대개 OSHA(미국의 산업안전보건청)에서 권고하는 사항을 따르고 있기 때문에 대동소이한 면이 있을 거라고 생각합니다. 그리고 아래의 작업 허가들은 미국의 현장에서 아주 흔하게 볼 수 있는 것으로 예시로 들어보았습니다.

- Confined Space Entry(밀폐 공간 출입)

  - 밀폐 공간은 유독가스나 산소 부족으로 인하여 사고 발생 가능성이 있음.

  - 신속한 구조를 위해서 외부에서 항상 감시자가 있어야

하며, 내부 산소농도를 측정할 수 있는 도구가 필요함.

- 혹시 발생할 수 있는 유독가스의 농도가 높아지는 것을
  방지하기 위해서 지속적인 통풍이 요구됨.

- Lock Out Tag Out
  - 작업을 하려는 장비/설비나 계통이 작동할 수 있는
    확률을 아예 없도록 하는 안전수칙.
  - 전원이나 밸브 등을 잠금 위치에 놓고, 물리적인 자물쇠
    로 잠가버립니다. 그리고 작업자가 자물쇠의 열쇠를
    가지고 있다가, 작업이 완료되면 자물쇠를 다시 풀어서
    장비가 작동 할 수 있도록 하는 것임.

- Elevated Work(높은 곳에서의 작업/추락 가능성)
  - 추락을 방지하기 위한 추가 안전 장구 착용.

- Electrical Work(전기작업)
  - Medium Voltage/High Voltage 작업을 할 때 더 중요
    한 허가. 더 특별한 안전 장구, 절차가 추가되며, 이를
    참관하는 인원도 당연히 더 많아짐.

대개 이 4가지가 가장 일반적이면서도 지키지 않을 시에 항상 인명사고가 발생하는 아주 중요한 안전 수칙입니다. 한국에서도 하수도를 청소하러 들어간 사람들이 질식하여 사망하는 사고들 이 빈번하게 발생하는데, 밀폐 공간 출입을 위한 적절한 절차를 거쳤으면 절대로 일어나지 않았을 일이라고 생각합니다.

프로젝트 매니저는 프로젝트 건설과정에서 일어날 수 있는 위험

들을 사전에 알아내고 관리하며, 각 공장에 상주하는 안전관리자와 적절한 대책을 마련할 필요가 있습니다. 안전에 대해서는 절대로 지름길이 없고 무조건 정해진 대로, 시간과 비용을 들여야만 사고가 없습니다. 여기서 돈을 좀 아끼려고 하다가는 정말로 큰 사고가 납니다.

만약에 내가 현장에 가서 작업을 참관하는 사이에 사고가 났다면 이때는 어떻게 해야 할까요? 미국의 현장에서 가장 많이 하고 듣는 말은 바로 "Don't be a hero."입니다. 즉, 혼자서 구조하려고 하지 말고, 사고를 신고한 다음에 구조인력이 오는 것을 기다리라는 뜻인데, 어떻게 보면 굉장히 잔인하고 냉정하게 들리는 말이기도 합니다. 하지만 "괜히 섣부르게 구조를 시도했다가 괜히 희생자를 더 만드는 것보다는 낫다."라는 뜻으로 이해를 하시면 될 듯합니다.

한국에서 간혹가다가 하수처리장 청소작업 중에 질식 사고가 발생한 것을 보고, 외부에 감시자(Spotter)가 혼자서 구조하러 내려갔다가 희생자로 변하는 사례가 있고 뉴스에서도 찾아볼 수 있습니다. 미국 회사에서는 이러한 차이점이 있다고 알고 계시면, 근무하실 때 도움이 되실 겁니다.

– 적극적인 태도

프로젝트 매니저가 처음 프로젝트를 맡을 때, 대부분 프로젝트에 대해서, 특히 기술적 요구사항에 대해서 잘 알지 못하는 경우가 부지기수입니다. 제가 위에서 살짝 언급하였지만, 옥수수

가공 공정에 대한 프로젝트를 맡으면, 발전 분야가 백그라운드인 저로서는 까막눈이 되어버립니다.

여기서 프로젝트 매니저는 두 가지 부류로 나뉩니다. 첫 번째 부류는 모든 기술적인 사항을 SME에게 맡겨버리고, 본인은 그냥 중간 전달자(Middle Man)가 되어서 행정적인 처리만 하는 것입니다. 이러한 경우는 대개 프로젝트에 대해서 심층적인 질문 특히 기술적인 질의가 들어오면, 이를 거의 그대로 엔지니어들에게 전달하여 답변을 받아내는 형식을 취하게 됩니다. 플랜트에서 근무하는 엔지니어들은 기본적으로 생산/공정관리가 주 업무이고 프로젝트 Support는 부가적인 업무에 그칩니다. 그렇기 때문에, 질의를 전달받게 되면 해당 엔지니어의 업무 강도에 따라서 답변을 전달받는 시간이 상당히 지연될 수가 있습니다. 이렇게 프로젝트 매니저가 Middle Man인 경우에는, 제 경험상 절대로 잘 진행되지가 않습니다.

두 번째 부류는 적극적인 태도를 가진 프로젝트 매니저로서, 질문 하는 것을 두려워하지 않는 부류입니다. 한국에서라면 대부분 '내가 너무 기본적인 질문을 해서, 멍청해 보이는 것은 아닐까?'라는 생각을 하면서 묻지 않았을 질문들을 하는 프로젝트 매니저들이 꼭 있습니다. 겉보기에는 프로젝트 매니저로서 실격인 것 같지만, 결과적으로 길게 본다면 이런 프로젝트 매니저들이 더 성공적인 커리어를 가지는 경우가 많았습니다. 왜냐하면, 프로젝트 매니저가 자신의 프로젝트에 대한 모든 것(기술적, 상업적 사항)을 완벽하게 이해하기 위해서 적극적으로 질문을 하

는 것이기 때문에, 프로젝트가 건설을 시작할 때쯤이면 PM이지
만 오히려 상당한 식견을 가진 전문가가 되어 있습니다. 그리고
이러한 질문을 하고 답을 얻는 과정에서 해당 부서의 핵심 인원
들과 잦은 의사소통을 하게 되고, 프로젝트 매니저의 적극적인
자세는 스폰서(대개 해당 부서장)에게 아주 긍정적인 인상을 남길
가능성이 높습니다.

긍정적인 리뷰는 항상 직장생활을 하면서 큰 도움이 됩니다. 또한
추후에 공석이 발생할 경우 프로젝트 매니저를 자신의 부서로 끌
어오기도 하고, 아니면 다른 부서에 추천을 해주기도 하는데, 결
국에는 돌고 돌아서 본인에게 이익으로 돌아오는 것입니다.

성공한 프로젝트란?

제 경우에는 한국에서 4년간 발전분야에서 엔지니어로 일을 했고, 미국에서는 약 9년 째 식품(Food and Beverage)분야 그리고 제지(Paper and Pulp)분야에서 PM으로 일을 하고 있습니다. 아주 작게는 $100,000(약 1억 3천만 원) 정도의 프로젝트부터 $40 MM(약 520억)을 넘어가는 크기의 프로젝트를 수행하고, 완공해 보았습니다.

저의 경험을 바탕으로 보았을 때, 저는 '완공 후에 아무도 기억하지 못하는 프로젝트'가 바로 성공한 프로젝트라고 정의하고 싶습니다. 성공적인 프로젝트 완수를 Performance의 결과로 여기는 경우가 많은 한국에서는 아마도 이해하기 힘든 말일 수도 있습니다. 성공의 정의 어떻게 해야 할까요?

미국에서는 프로젝트 매니저로서 일을 하다 보면 많이 듣게 되는 말이 있습니다.

"It will be named after you if something goes wrong."

이 말은 즉, "프로젝트 과정에서 무엇인가 잘못되면 평생 네 이름이 남을 것이다." 다시 말하면 불명예스럽게 너의 이름이 남을 것이고 꼬리표로 따라다닌다는 뜻입니다.

인간은 대개 비극을 더 잘 기억하는 속성이 있습니다. 누구 유명인의 생일, 결혼, 또는 출산 등의 경사 소식보다는 누군가의 자살, 죽음 그리고 사건, 사고 등을 더더욱 잘 기억하는 것이 그 예입니다.

우리는 유승준이 언제 결혼했는지는 기억하지 못하지만, 유승준이 병역을 회피하기 위해서 국적을 포기한 뒤에 한국에 입국하려다가 입국 금지를 당하고, 그 이후로도 지속적으로 입국 시도하는 것은 기억하듯이 말입니다.

같은 이치가 프로젝트에도 적용됩니다. PM의 이름이 불명예스럽게 남는 경우는 대개 예산이 심각하게 초과하여 추가예산을 여러 번 요청하였다든지, 완공 일정이 많이 늦어지는 경우, 아니면 완공 후에도 지속적인 문제를 일으키는 경우이지만 간혹 가다가 심각한 안전사고가 발생하는 경우도 여기에 해당할 수 있습니다. 예를 들어서 건물을 신축하는 프로젝트를 진행 중인데, 건설 과정에서의 부실 공사로 인해서 건물 구조가 건설 중간에 붕괴하면서 인명사고가 발행한다면, 이는 심각한 사고이고 평생 불명예로 남을 만한 일입니다.

미국 회사에서 특히 산업 현장에서 일을 하다 보면 간혹 가다가 'That's Jim's Project.' 또는 'Jim's gas boiler.' 등으로 누군가의 이름이 붙은 프로젝트/기기에 대해서 들어보실 수 있을 겁니다. 십중팔구 그 프로젝트는 완공 이전이나 이후에도 심각한 문제를 일으키는 경우입니다.

이렇게 위에서 언급한 3가지(예산, 일정 지연, 안전사고)가 없다면, 대부분의 경우 프로젝트는 무난하게 끝났다고 보시면 될 것입니다.

물론 프로젝트를 진행하면서 문제가 전혀 없는 경우는 절대로 없습니다만, 역설적으로, 그 누구도 기억하지 못하는 프로젝트는 예산, 일정, 그리고 안전까지 모든 것이 만족된 것으로서, 제 개인적으로는 최상의 결과라고 말을 하고 싶습니다. 왜냐하면 뉴스거리 자체가 아예 없었을 만큼, 잘 수행되었다는 것을 의미하기 때문입니다. PM으로서는 본인의 결과를 사람들이 잘 기억하지 못한다는 것이 서운할 수도 있는 일이지만, 그만큼 성공적이었다는 것을 꼭 기억하고 자랑스럽게 여겼으면 좋겠습니다.

이렇게 말씀드린 성공적인 프로젝트는 End User 즉, 사업주 소속으로서의 프로젝트 매니저 입장에서 말을 하는 것인 만큼, 설계사, EPC사 그리고 Vendor 등의 입장에서는 성공에 대한 정의가 다를 수가 있습니다.

그러면 PM이 되기 위해서는 무조건 PMP 자격증을 가지고 있어야 하는가?

절대로 그렇지 않습니다. PMP는 License가 아닌 Certificate이기 때문에 꼭 있지 않아도 됩니다. 하지만 있어서 도움이 되는 것은 사실입니다.

License는 어떤 직업을 가지기 위해서 법적으로 필요한 자격을 의미합니다. 의사, 변호사, 기술사, 변리사 등의 자격증/면허증이 대표적인데, 이러한 직종은 자격증이 없이 아예 일을 할 수가 없으며, 거의 독점적인 지위를 보장받는 대신에 결과에 하자가 있는 경우에는 해당 행위에 대해서 법적 책임을 져야 합니다. 의사면허 없는 사람이 의료행위를 하면 큰일이 나고, 운전면허 없는 사람이 운전을 하면 법적으로 책임을 묻지만, PMP 없는 사람이 PM을 한다고 해서 문제가 되는 것은 아닙니다. 다만 고객사에서 PMP 있는 사람만 PM으로 써야 한다고 요구를 하면, 이는 조금 다른 이야기입니다.

하지만 PMP 증명서를 가짐으로써 본인의 능력과 지식을 증명할 수 있을뿐더러, 추후에 채용하고자 하는 Employer들에게 신뢰를 줄 수 있기도 합니다. 그래서, 결론만 짧게 말해본다면, PMP는 프로젝트 매니저로서 채용된 이후에는 큰 필요가 없으나, 오히려 프로젝트 매니저로 채용되기 위해서는 필요할 수 있습니다.

저는 항상 신입 엔지니어와 PM들에게 다음과 같은 이야기를 하고는 합니다. "PMP는 운전면허증(Driver's License)와 같다. 어떤 사람은 음주운전을 하고 어떤 사람을 난폭운전을 하듯이, 운전면허를 가진 모든 사람이 좋은 운전자(Good Driver)가 아닙니다. 마찬가지로 PMP가 있다고 모두 좋고 유능한 PM이 아닙니다. PMP는 단순히 프로젝트 매니지먼트 전반에 대하여 남들보다 조금 더 알고 있음을 알려주는 지표에 지나지 않습니다. 그렇기에 실제 능력을 키우기 위해서 노력할 필요가 있습니다."

한국에서 많은 분들이 취득하는 미국기술사(P.E) 역시 마찬가지로, 자격증이 있다고 무조건 좋고 훌륭한 엔지니어는 아닙니다. 그렇지만 PE는 조금 다른 것이, 법적으로 건설 도면에 도장을 찍을 수 있는 자격이기 때문에, 일단 무조건 취득하는 것이 좋기는 합니다.

결국에는 '있어서 나쁠 것은 없다.'로 귀결됩니다.

프로젝트는 언제 프로젝트 매니저에게 배분되나요?

프로젝트 매니저에게 프로젝트가 주어질 때는 웬만한 기본적인 경제성 분석과 리스크 분석이 끝난 상태(대개 FEL-1)이고, 이미 회사 내의 의사 결정 과정을 거쳐서(Prioritize) 우선순위로 정해진 경우가 많습니다. 그리고 각 프로젝트 매니저의 배경, 능력, 경력 등을 고려해서 주어지는 경우가 대부분입니다. 주로 프로젝트 매니저로서 경험 아주 많은 사람(대부분 나이가 많습니다)들이 아주 크고 복잡한 프로젝트를 맡으며, 상대적으로 어리고 경험이 적은 엔지니어들은 작은 프로젝트들을 진행함으로써, 경력을 쌓을 수 있게끔 해줍니다. 그리고 각 프로젝트 매니저들의 업무 현황(Workload) 역시 중요한 고려사항이 됩니다. 일이 너무 많아서 허덕이는 사람에게 굳이 더 일을 던져줄 필요는 없습니다(한국이라면, "너밖에 없다." 이러면서 특별한 척 취급을 해주겠지만, 미국에서는 일이 너무 많다면, 연봉을 올려주지 않으면 때려치우고 나갈 겁니다). 반대로 돋보이고 싶어서 현재 진행 중인 프로젝트가 많음에도, 추가로 프로젝트를 부여받았다가 문제가 많이 생기기 시작하면 오히려 커리어에 반대로 작용하므로 섣불리 받지 않도록 주의하실 필요가 있습니다. 주어진 프로젝트들은 모두 '언제까지 프로젝트가 완료되었으면 하는 시한'이 존재하므로, 여기에 맞추어서 일단 일을 시작하되, 가능하지 않다면 프로젝트 관계자 및 승인권자들에게 알릴 필요가 있습니다.

프로젝트가 본인에게 할당되었다면,
그러면 무엇을 해야만 할까?

우선 프로젝트를 정의(正義, define)하고 역무를 이해하는 것이 그 무엇보다도 중요합니다. 정확하게 정의되지 않은 프로젝트는 Stakeholder(관계자)들의 시간과 회사의 재화를 낭비하며, 결국에는 실패를 하게 될 가능성이 매우 높기 때문에, 프로젝트를 잘 정의하는 것이 아주 중요합니다.

그러면 우선 프로젝트의 목적과 배경에 대해서 생각을 해볼 필요가 있고, 많은 관계자 특히 스폰서와 이야기를 많이 할 필요가 있습니다. 많은 대화를 통해서 요구사항을 정리할 수 있게 될 것이고, 이것이 바로 프로젝트의 핵심 역무가 되기 때문입니다.

예를 들어서, 프로젝트가 막 할당되었을 때의 정의가 '현재 사용 중인 보일러를 교체하여야 한다.'라고 한다면, 프로젝트 매니저는 이를 더욱더 발전시키고 상세화해야 하는데, 아래와 같이 발전시킬 수가 있을 것입니다.

- 목표: 현재 운용 중인 5개의 보일러 중의 3번 보일러를 교체
  해야 함.
- 배경: 3번 보일러의 운용기한이 예상 수명(Lifespan)의 끝에 가
  까워져 잦은 유지보수로 인한 운용비용이 40% 증가하였고, 운
  전원의 안전에 대한 우려가 커지고 있음.
- 완료 시한: 다음 연도 12월 31일까지.

우선 이 완료시한이 현실적으로 가능한지 알아보아야 합니다. 보일

러 제작사에 이야기를 했더니, 제작에만 최소 2년이 소요된다는 이야기를 들었다면, 프로젝트의 완료시한은 지금으로부터 약 3년 이후로 변경되어야 하고, 이 내용은 즉시, 프로젝트의 주요 관계자들에게 전파가 되어야 할 것입니다.

이를 달성하기 위한 예산을 대략적으로 산정하고, 프로젝트를 달성함으로써 얻을 수 있는 경제적인 이익에 대해서도 조사를 시작하여야 합니다.

그리고 프로젝트의 재무 지표(IRR, ROI, NPV 등)을 계산한 다음에, 프로젝트의 핵심 내용을 Charter에 일목요연하고 설득력 있게 적어 내려가는 것이 중요합니다.

Project Charter는 프로젝트에 대한 모든 것(목표, 예산, 일정, 기술적, 경제적, 재무적 내용, 위험도 등)을 총망라하여 약 A4 2장 정도의 분량으로 작성한 핵심 문서이고, 이 서류를 읽고 나면 프로젝트의 목적과 예상 이익, 위험도 등을 한눈에 파악 할 수가 있습니다.

미국에서 일하면서 어려웠던 것 중의 하나가 바로 글 쓰기였습니다. 한글로 글을 쓰는 것도 녹록지 않았는데, 영어로 '설득력 있게' 글을 써야 하는 것은 굉장한 압박이었습니다. 요즘에야 Chat GPT 등이 생겨서 조금이나마 도움을 좀 받을 수가 있지만, AI가 나오기 이전에는 그야말로 머리를 쥐어뜯으면서 글을 썼던 생각이 납니다.

한국인이 영어로 글을 쓸 때 유의해야 할 것 중에 하나는 어색한 영어 표현들이 굉장히 많이 나온다는 것입니다. 우리는 한국어가 모국어라서, 머릿속에 뼛속 깊이 각인된 문장 구조들이 전부 한국어 기반이다 보니, 한국어 문장 구조를 영어로 쓰려고 시도하게 되고 그러면서 어색한 표현들이 부지기수로 생산됩니다.

결국에는 많이 써보고, 많이 읽는 것이 큰 도움이 됩니다만, 어느 정도의 수준에 오르기까지는 많은 노력을 하셔야 한다는 점 유의하셨으면 좋겠습니다. 그리고 Charter가 작성된 다음부터는 FEL process에 따라서 프로젝트는 계속 진행시키시면 됩니다.

Payment

　　　　프로젝트의 크기에 따라서 Payment를 어떻게 할지도 상당히 달라질 수 있습니다. 프로젝트가 매우 큰 경우에는 Milestone의 성취 정도에 따라서 Progress Payment를 설정하게 되는데, 여기서 중요한 점은 마지막 10% 또는 15%는 Commissioning 완료까지 지불하지 않고 보류하고 있는 것입니다.

　Contractor에 따라서는 모든 금액이 입금되면 프로젝트를 그냥 나 몰라라 하고 내팽개치고 가는 경우가 생기기 때문에, 이를 방지하고자, 볼모로 마지막 10~15%의 최종 금액을 잡아놓는 것이 대부분입니다. 그리고 대부분의 회사에서 이를 무기로 각종 하자들을 최대한 많이 잡아내려고 노력도 합니다. 하지만, 프로젝트가 완공이 되었음에도 불구하고 자잘한 이유를 트집 잡아서 잔여금액의 지불이 많이 늦어진다면, 그 회사에서는 법적 공방을 진행할 수도 있습니다.

　그리고 프로젝트를 하면서 민감한 것이 바로 Change Order(계약 변경)입니다. 계약서에 모든 것을 명기할 수 없고, 현장의 상황에 따라서 변경사항이 발생하면, 변경사항을 승인하고 집행하기 전에 우선 예상 금액이 얼마나 필요한지를 알아야 합니다. 만약에 예상 금액이 얼마인지도 모르면서 덜컥 계약 변경을 승인해버리면, 나중에 덤

터기를 써도 할 말이 없어지는 경우가 생기기 때문입니다. 이런 경우에 한국에서는 계약서 상 갑의 지위를 활용하여 을에게 불합리한 계약 변경을 요구할 때도 있는 것으로 알고 있는데, 미국에서는 모든 것을 서류화하여 항상 기록을 하는 방식을 사용하기 때문에, 계약 변경에 대해서 함부로 승인을 해서는 안됩니다.

Contractor에 따라서 다르지만, 최대한 많은 것을 계약 변경 건으로 처리하여 금액을 더 받아내려는 경우도 있어서 더더욱 조심하여야 하는 요소입니다.

프로젝트가 취소된다면?

사실 프로젝트가 취소되는 경우는 정말 비일비재하고 대부분의 경우, 프로젝트가 취소되는 이유는 바로 비용 때문입니다. 예측했던 것보다 비용이 훨씬 많이 지출해야 할 것으로 예상되면, 프로젝트의 경제성이 악화하기 때문에, 회사의 경영진 입장에서는 취소를 할 수밖에 없습니다. 하지만 프로젝트 매니저 입장에서, 이유가 어찌 되었든 본인이 맡은 프로젝트가 취소되는 것은 그다지 달가운 일은 아닙니다. 특히나 아주 많은 시간과 노력을 투자했을 때 더더욱 그렇습니다. 괜히 본인의 무능으로 취소된 것 같기도 하고, 좀 느낌이 그렇습니다.

그러면 비용이 올라가는 이유는 무엇일까요? 저의 경험으로 비추어 볼 때는 아래의 2가지가 가장 큽니다.

PM의 과다한 비용산정

프로젝트에서 최종 예상 비용은 산정하는 것은 프로젝트 매니저의 일입니다. 하지만 프로젝트 매니저가 Work Breakdown Structure(WBS)를 기반으로 예산을 작성할 때, 실제로 계약을 하고 공사를 시작할 때는 현재보다 물가 상승 등의 이유로 비용이 올라갈 수 있는 상황을 고려하여 견적 받은 비용에 어느 정도의 별도 예비 비용을 넣기도 합니다. 이 항목은 회사에서 누군가 작정하고 예산을 검토하면서 실제 견적과 신청 예산을 비교하지 않는 한 잡아내기가 굉장히 어렵습니다. 비율 %로 따지자면 각 항목당 약 3% 정도의 작은 비율이지만, 대개 프로젝트 최종 예산의 10% 정도가 예비 비용으로 산정된다는 것을 감안하면, 실제, 예비 비용은 10%에서 13%로 증가를 하는 것입니다.

하지만 프로젝트의 금액이 1,000억으로 예상이 되는데, 10%의 예비비용(100억)이면 충분할 것을 숨겨진 3%를 포함하여 130억으로 준비하는 것은 회사 입장에서는 불필요한 일입니다. 그 30억으로 할 수 있는 일이 많은데, 프로젝트 매니저의 과다한 예비비 산정으로 인해서 다른 프로젝트를 수행할 수 있는 기회를 잃은 것이기 때문입니다.

프로젝트 매니저 입장에서는 예산을 너무 적게 산정하였다가 추후에 추가 예산을 요청할 일을 아예 막고 싶어서 그러는 것이지만, 이렇게 더해진 금액이 프로젝트의 경제성 악화에 한몫하는 것은 물론이로 인해서 취소가 될 수도 있습니다.

불가피한 이유

프로젝트는 맡고 나서, 프로젝트의 역무를 확정하고 알려지지 않은 리스크를 최대한 찾아내는 과정에서 정말 그 누구도 예상하지 못한 커다란 금액이 추가 될 때가 있습니다.

저의 경우에는 기존 플랜트 옆에 있는 회사 소유의 유휴부지에 새로운 폐수 처리 펌프를 설치하여 용량을 늘리려는 프로젝트를 맡은 적이 있는데, 최종 예산을 작성하는 과정에서 그 지역이 환경 보전지역에 너무 가까워서 자연과 동/식물을 최대한 보호하기 위한 조치를 취해야 한다는 것을 알게 되었습니다. 우선 어떤 동/식물이 존재하는지 전문 조사단체를 고용하여 최소 6개월 조사를 해야 했고, 이들의 서식지를 보호하기 위한 야간 공사 제한, 소음 제한 등의 조치가 뒤따라야 했습니다. 그러다 보니 프로젝트의 예상 완공 기한이 너무 늦어지고, 약 30%의 추가 비용이 감당하기 어려울 정도로 커져서 결국에는 해당 사항이 적용되지 않는 대체부지를 선정하여 프로젝트를 진행했던 기억이 납니다. 물론 대체부지를 선정하고 여기에 프로젝트를 진행하겠다는 결정은 해당 플랜트와 회사의 경영진에서 내려집니다. 하지만 이를 위한 예상 비용과 리스크 등 필요한 내용을 준비하고 브리핑하는 것까지는 프로젝트 매니저의 일입니다.

또한 코로나 바이러스가 한창 기승을 부리던 2020, 2021, 2022년 동안에는 물류 유통망(Supply Chain)의 붕괴, 대량 실업, 각 기업들의 우선순위 조정 등과 겹쳐서, 배관, 밸브, 펌프 등의 자재를 구매하려고 견적을 받으면 견적서의 유효기간이 24시간에 불과했던 적도 있었습니다. 해당 자제 금액은 프로젝트의 일부에 불과하고, 프로젝트 전체 건설 예산을 승인받기 위해서는 2~3주 정도의 시간이 소요되기에, 예산이 승인되었을 때 가격이 이미 상승했을 것으로 생각하여 각 항목당 30%의 예비비용을 추가하는 것이 회사 방침으로 허가되기도 했습니다.

이러한 불가피한 사유로 인한 예산의 상승은 그야말로 불가항력이기 때문에 회사에서도 당연히 이해를 하고 넘어갑니다. 이때 상승되는 예산을 감안하더라도 프로젝트가 여전히 경제성이 있으면 진행을 하고, 경제성이 없더라도 반드시 진행을 해야 하는 이유가 존재하면 프로젝트는 지속될 겁니다.

하지만 그렇지 않아서, 프로젝트가 취소되더라도 이것은 본인의 잘못이 아니므로 그냥 다음 프로젝트로 마음 편하게 넘어가시면 되겠습니다. 물론 이것이 말처럼 쉽지는 않습니다. 그동안 프로젝트에 쏟아부은 시간과 노력이 있기에 어느 정도 애착을 가지게 되는데, 이를 떼어내는 데 좀 시간이 걸립니다.

만약에 고소를 당한다면?

갑자기 업체의 법무팀이나 고용한 로펌으로부터 이메일을 받으면 굉장히 당황스럽고 큰 스트레스를 받게 됩니다. 본인을 고소한 것이 아니라, 본인의 직장을 고소한 것이기 때문에 가라앉히시고, 본인이 근무 중인 회사의 법무팀에 연락을 하는 것이 대응의 시작이 되겠습니다. 물론 본인의 직속 상사에게도 해당 내용을 보고하고, 법무팀과 협력하고 있다는 것을 알려주면서 주기적인 업데이트를 하면 일단 초기대응으로는 잘 되었다고 할 수 있겠습니다. 그리고 정말로 법정 소송을 해야 하는지 아니면 그냥 합의에 그칠지는 법무팀과의 회의를 통해서 결정이 내려질 겁니다. 당연한 이야기지만 법적 조치가 취해진 귀책 사유가 본인의 잘못, 갑질 등에 있다면, 본인의 일자리가 위험해질 수 있고 최악에는 본인의 회사로부터도 법적 조치를 받을 수가 있으니 조심하셔야 합니다.

만약에 본인의 회사가 특정 자재를 대량으로 구매를 하는 입장인데, 법적 조치를 취한 상대방이 자재를 공급하는 회사라면, 오히려 거래적인 측면을 고려해서 합의 또는 철회 결정이 내려질 수도 있습니다. 왜냐하면 양사 간의 거래금액이 굉장히 큰데 법적 조치를 취하는 것은, 서로 간의 감정을 악화시킬 뿐이고 결국에는 거래선의 변경으로 이루어질 수 있기 때문에 잃을 것이 굉장히 많은 리스크가 높은 방법이라고 할 수 있기 때문입니다. 반대로 고소를 진행한 당사자의 입장에서는 양사 간의 관계가 악화하고 앞으로의 거래가 위험해질 것을 감안할 정도로 절박한 상황에서 법적 조치를 취하는 것이기 때문에, 오히려 대응이 쉽지 않을 수도 있습니다.

다른 프로젝트 매니저가 진행한 보일러 급수(Feed water) 설비를 교체하는 프로젝트에서 주요 공정이 문제없이 마무리되고, 예상된 성능을 보였음에도 작은 도장(Painting)이나 설계도서의 미제출 등을 이유로 잔여대금의 지급을 보류하였다가, 상대 회사에서 제가 다니던 직장을 고소한 적도 있었습니다. 결국에는 합의로 끝나는 경우가 대부분이었지만, 그 후폭풍으로 인해서 거래처를 변경하고 새로운 거래처를 발굴해야 하는 등의 조치들은 항상 뒤따랐던 경우가 많았습니다.

제가 듣고 겪었던 바에 의하면 대개 아래의 순서로 Dispute가 진행이 됩니다.

1. 문제 발생.
2. 양사의 프로젝트 매니저 간에 서로 계약서의 Technical 사항을 기반으로 해결 시도.
3. 양사의 Commercial Department/Buyer를 포함하여 계약서의 상업적 사항을 기반으로 문제 해결 시도.
4. 상대방에서 법적 조치를 취함(Demand Letter 수령).
5. 본인의 직속 상사에게 보고 후, 회사 내 법무팀에게 협업 요청.
   - 이때부터 회사 내의 법무팀이 주도권을 가지고, 중재/

해결을 시도.
- 그리고 상대방과의 직접적인 연락/의사소통이 제한됩니
다. 상대방과의 모든 의사소통은 오직 법적대리인을 통
해서만 가능해짐.
- 법무팀의 지휘하에 필요한 이메일 Correspondence,
설계, 건설 기록 등의 모든 자료들을 제출.
6. 여기서 해결이 되지 않으면 법적 공방 시작.

저는 다행스럽게 법정에 출두하여 직접 증언을 하는 일까지는 해본 적이 없습니다만, 이를 해본 동료들의 말에 의하면 굉장히 부담되고 중압감이 심하다고 합니다.

그리고 이러한 법적 공방을 겪게 되면, 대부분 상대 회사와의 관계는 정말 최악으로 치닫게 되어 추후 거래적인 관계가 청산이 되는 것이 일반적이었습니다. 그래서 법적 조치를 취한다는 것은 정말 최후의 최후의 수단이라는 것을 고려하시는 것이 좋겠습니다.

프로젝트의 구분

프로젝트는 다양하게 구분할 수 있지만, 저자가 겪어본 유형은 크게 아래와 같습니다. 그리고 실제로는 아래의 구분들이 서로 겹치는 경우가 많아서, 딱 잘라서 언급하기가 쉽지 않습니다.

Green Field/Brown Field

Green Field Project는 이전 프로젝트와의 연속성을 가지지 않으며, 아무것도 없는 부지 위에 새로운 건물, 공항, 발전소, 항구 등을 설계 및 건설하는 것이 여기에 해당합니다.

필자가 개인적으로 매우 선호하는 프로젝트의 유형인데, 이는 기존 구조물, 플랜트와의 간섭이 전혀 없어서 설계를 하고 기기를 배치하기가 아주 쉽기 때문입니다. 이에 비하여 Brown Field Project는 기존의 설비/건축물 등을 개량하는 것이 주가 됩니다. 예를 들면, 공장에서 60년째 사용하고 있는 보일러가 노후되어 잦은 고장을 일으켜서 수리 비용과 생산 차질로 인한 손실이 점점 커져서 새로운 보일러로 교체하는 것이 하나의 예가 될 수 있습니다.

Brown Field 프로젝트는 기존에 있는 시설에 새로운 설비를 넣거나 교체해야 하는 프로젝트들이 대부분이라서, 프로젝트의 범위, 역무를 아주 신중하게 정해야 합니다.

예를 들면,

- 크기 및 용량: 새로운 보일러가 기존 보일러와 동일한 크기, 동일한 용량인가?

- 기술: 새 보일러는 신기술이 적용되어, 기존 보일러 대비하여 효율이 개선 되었는가?

- 소요 전력

  - 새로운 보일러가 기존 보일러 대비해서 더 큰 전력과 전압을 요구하지는 않는가?

  - 만약 그렇다면, 더 큰 전력을 어떻게 끌어올 것인가?

- 역무 범위

  - 보일러만 교체할 것인가 아니면 주변의 송풍기와 펌프들 역시 같이 교체할 것인가?

  - 배관은 노후되지 않았는가?

  - 보일러 급수 설비의 성능은 충분한가?

- 설치 관련

  - 기존 보일러를 제거할 때, 이를 들어내기 위한 충분한 공간이 있는가?

  - 없으면 작은 조각들로 절단하여야 하는데 이때 주변에 인화성 물질이 많아서 작업에 제약이 가지는 않는가?

  - 교체 과정에서 증기 계통의 전면 중지되어야 한다면, 전체 플랜트가 운영 중단되어야 하는가?

- 플랜트의 연간 보수기간에 행하여야 하는가?

모든 프로젝트는 필연적으로 많은 검토와 빈번한 의사교환이 지속적으로 이루어져야 하지만, Brown Field Project는 현재 운전 중인 계통, 설비에 추가로 연결하여야 하는 그 특성상 더 고도의 의사소통 능력이 필요합니다. 저 개인적으로는 Green Field를 선호하지만, 역무의 복합성 정도에 따라서 Brown Field를 더 좋아할 때도 있습니다.

Capital/Expense Project

모든 회사들은 업무 효율, 생산성을 개선하거나 제품의 단가를 낮추기 위해서 끊임없이 변화를 추구하며 때로는 새로운 시장을 공략하고 새로운 제품을 개발하거나 Portfolio를 다변화하기 위한 전략적인 움직임을 취하기도 합니다. 이 모든 것이 궁극적으로는 '회사의 이익을 극대화하고 시장에서의 지배적인 위치를 획득하기 위해서, 생산성, 효율을 개선하여 궁극적으로는 생산 단가를 낮추어 시장에서의 경쟁력을 유지'하기 위한 것입니다. 그리고 상기의 목적으로 수행되는 프로젝트들은 Capital Project라고 불립니다.

Capital의 사전적 의미는 '자본'이지만, 플랜트 운영에서의 의미는 '생산량의 증가 또는 생산 효율 향상을 위한 프로젝트에 사용되는 재화'를 뜻하는데, 실제 Capital Project를 정의하는 것은 각 회사마다 전부 다릅니다. 단순하게 생산량의 증가/효율의 증가를 가져온다고 하여 이를 Capital로 정의할 수는 없으며, 예를 들어서 어떠한 기기를 교체하는데 똑같은 사양, 똑같은 크기의 기기로 교체를 한다면 이것은 Capital이 아닌 Expense로 분류가 되기도 합니다. 하지만 같은 역할을 하는 기기인데, 재질이 구리에서 스테인리스 스틸로 업그레이드가 되고, 각종 계기가 추가되었다면 이는 Capital로 정의가 가능합니다.

그 외에도 어떠한 회사는 ROI 30% 이상 Payback 3년 정도를 기준으로 하기도 하고, 어떤 회사는 프로젝트 총액이 $10,000 이상이면 Capital로 취급하기도 하고 그 모두가 다릅니다. Capital이 투입되어 구매된 자재와 기기는 그 회사의 자산으로 전환되어, 플랜트가 위치한 지자체의 세금부과 기준이 되기도 하고, 또한 설치된 이후부터 Depreciation(감가상각)을 고려해야 하므로 회계 부서와의 협업 역시 아주 중요합니다.

Capital Project는 각 주마다 다르겠지만, 일리노이주에서는 Tax Exemption 즉, 세금 면제를 받습니다.

일리노이주 재무부 기준에 따르면,

'상업 구역에 영구적으로 설치되는 건물, 구조물을 건설하기 위해 필요한 물품을 구매하는 경우.'
'일리노이주의 상업, 경제적 기회 부서에서 지정하는 지역경제에 큰 영향을 미치는 지역에 영구적으로 설치되는 건물, 구조물을 건설하기 위해서 필요한 물품을 구매하는 경우.' 에 한하여 세금 면제를 받을 수 있습니다.

웬만한 대기업들의 공장은 대개 위치한 지역경제에 매우 커다란 영향을 미치기 때문에 각 주에서도 최대한 편의를 제공하려고 하며 세금 면제는 그중의 일부입니다.

Capital과 Expense의 분류가 왜 중요한 이유는 쉽게 설명하면 예산이 서로 독립적으로 구분되어 있기 때문입니다. Expense는 주로 플랜트 운영에 대한 예산이고, 플랜트의 각 부서는 매달, 매년 할당된 운영예산이 있습니다. 그리고 각 부서는 이 예산으로는 주로 유지보수 업무를 수행합니다.

예를 들어서, 운영부서에서 가스터빈에 대한 정비와 업그레이드를 동시에 수행하려고 하는데, 기준이 좀 애매한 경우가 있습니다. 이때 프로젝트가 Expense로 판단이 나면, 운전부서에서 자체 운영예산으로 수행해야 하는데 그러면 거의 100% 해당 월/연의 예산이 초과될 겁니다. 반대로 Capital 분류를 할 수 있다면, 정비와 업그레이드 모두를 운영부서의 예산을 한 푼도 사용하지 않고, 별도로 편성되어 있는 Capital을 사용해서 수행할 수가 있는 것입니다. 그래서 거의 모든 운영부서들은 기를 쓰고 프로젝트를 가능하면 Capital로 정의되게 하려고 노력을 합니다.

Capital의 단점이라고 한다면 프로젝트를 진행하는 시간이 오래 걸려서, 사안이 굉장히 시급한 경우에는 그냥 자체 운영예산을 사용하여 집행하는 것이 더 빠릅니다.

Schedule Driven/Cost Driven

Schedule Driven Project. 말 그대로 일정에 의해서 운전되는 프로젝트이고, 대개 기한이 이미 정해져 있으며, 이를 맞추라고 PM에게 강요하는 경우가 많습니다. 위에서 언급하였다시피, 회사의 전략적인 결정이나 고객사의 요구에 의해서 일정을 맞춰야 하는 경우가 대부분입니다.

이러한 경우에는 프로젝트의 Scope에 따라 다르지만 막대한 인력과 물량을 건설 과정에서 미리 쏟아부어야 하는데 이때 발생하는 비용이 굉장히 크며, PM의 영혼과 노력을 갈아 넣어야만 돌아가는 프로젝트이기도 합니다. 대부분 회사의 시장점유율과 관련된 전략적인 프로젝트인 경우이며 전략기획팀, 법무팀 등 평소에 협업을 하지 않았던 사람들과 많은 회의를 거듭하고, 프로젝트의 진척 정도에 대하여 심한 압박을 당하는 경우가 굉장히 많습니다.

반대로 Cost Driven Project는 예산에 따라서 운전되는 프로젝트이며, 딱히 정해진 완료 기한은 없지만 정해진 금액의 상한선이 있는 프로젝트를 말합니다. 그래서 모든 것을 최저가 입찰로 진행하고 어떻게든 경제적으로 진행 하려는 의지가 충만한 PM이 맡아야 하는 일이기도 합니다.

저 개인적으로는 최저가 입찰, 최저가 기기보다는 어느 정도 가격이 조금 더 나가더라도 Total Cost of Ownership, 즉 향후 30년의 내구연한 동안 소요될 총금액이 낮은 기기를 선택하는 경향이 있기 때문에 Cost Driven Project는 별로 좋아하지를 않습니다. 한국의 속담에도 있듯이 싼 게 비지떡인 경우를 많이 겪어보았기 때문에, 최저가 입찰을 최대한 피하려고 노력합니다.

예전에 근무한 직장에서 어떤 프로젝트 매니저(저의 전임자)가 예산의 압박을 굉장히 심하게 받은 적이 있었습니다. 그 프로젝트는 석탄 보일러를 천연가스 보일러로 아예 교체하는 사업이었는데, 보일러는 대개 제작사에서 그대로 사오지만, 이 프로젝트 매니저는 창의성을 발휘하여 구성품을 각각 구매하여 현장에서 조립하는 방식을 취하기로 했습니다.

자동차로 말을 하자면, 엔진은 도요타, 트랜스미션은 현대, 차체는 폭스바겐, 내부 좌석은 포드에서 사와서 조립하는 것입니다. 이렇게 해서 탄생된 결과물은 절대로 잘 될 수가 없고, 당연히 그 어떠한 업체도 책임을 지지 않는 결과물이 되는데, 이 보일러의 경우에는 $45MM(약 585억) 실패작이 된 것입니다.

그 누구도 성능보증을 하지 않았고, 이 보일러는 거의 3개월마다 치명적인 고장과 실패가 발생하여 매년 수리비용으로만 100억씩 투자를 해야 했습니다. 프로젝트 매니저는 결국에 스스로 회사를 나갔고, 회사는 보일러 각 부품을 제작한 회사들에 법적 소송을 걸었습니다.

여기서 말을 하고자 하는 것은, 아무리 예산의 압박을 받는다고 하더라도 핵심 설비는 실적과 성능이 증명된 업체를 사용하는 것이 중요하다는 것입니다. 창의적으로 예산을 줄일 수 있는 사항이 있고, 아닌 사항이 있는데 이를 잘 구분하는 것이 프로젝트 매니저에게는 중요할 수 있습니다.

그리고 '아닌 것은 아니다.'라고 말을 할 용기를 가지면서도 항상 문서화하여 향후 문제가 생겼을 때를 대비하는 것이 언젠가 프로젝트 매니저를 구해줄 수 있을 것이라고 생각합니다.

미국에서 프로젝트 매니저로 살아간다는 것

　　한국과 미국에서 모두 직장생활을 해본 결과, 직장생활과 사람 사는 것은 어디를 가든지 비슷한 면이 있다고 생각합니다. 하지만 같은 일을 했을 때 기대할 수 있는 소득에 대한 차이가 어느 정도 존재하고, 근로자로서 가족과 더 많은 시간을 보낼 수 있는 기회가 미국에 더 많은 것 역시 사실입니다. 하지만 단순한 금전적인 이익을 떠나서 미국 생활의 궁극적인 장점은 사고의 다양성을 존중하고, 성과를 존중하는 사회에서 살아가는 경험을 하는 데에 있다고 생각합니다. 즉, 윗사람이 무조건 옳다고 여겨지는 구조가 아닌 수평적인 구조이고, 팀원들의 의견 개진이 당연시되고 존중된다는 점이 저 개인적으로는 더 좋았습니다. 물론 제가 기억하는 한국은 2016년까지의 한국인만큼 약 10년이 지난 지금은 많이 다를 것이라고 생각합니다. 미국에서도 한국에 대한 뉴스를 틈틈이 접하는데 요즘에는 한국에서도 일과 가정의 양립을 추진하고, 노동시간을 줄이려는 방향으로 가고 있는 것 같았습니다. 제가 태어난 모국이 점점 발전하는 것은 항상 기뻐해야 할 일입니다.

　하지만 한국에서의 직장생활 동안에 약간 경직된 승진/의사소통 구조를 경험했던 저로서는 현재 미국에서의 직장생활에 더할 나위 없이 만족합니다. 호봉/재직 연수가 아니라 실제 성과가 따른 보상이 확실한 구조여서, 더 근로의욕이 올라가는 것도 좋습니다. 그리고 작은 프로젝트의 성공적인 경험을 바탕으로 $10MM(약 130억), $50MM(약 650억) 등의 대규모 프로젝트를 직접 이끌고 나갈 수 있는 기회가 주어졌다는 것 역시도, 미국 사회가 성과 위주의 사회라는 것을 증명한다고 생각합니다.

반대로 성과가 확실하지 않으면 언제나 도태될 수 있는 곳이라는 것 역시 잊지 않으셨으면 좋겠습니다. 개인의 능력을 유지하고 항상 발전시키기 위한 노력이 경주되어야 하며, 낯선 언어와 환경 그리고 편견과도 맞서야 합니다. 한국식 표현으로 하자면 '가늘고 길게' 직장생활을 하시고 싶은 분들에게는 오히려 한국과 미국, 양국의 공기업/공무원이 더 체질에 맞으실 지도 모릅니다. 공무원이나 공기업은 구조적인 특성상 항상 경직되어 있고 큰 변화가 없는 대신에 아주 우수한 은퇴 연금/프로그램을 제공하기 때문에, 정년 보장에 큰 관심이 있으시다면 이쪽으로 시야를 넓혀보시는 것도 좋습니다.

하지만 개인의 능력에 대해서 자만이 아니라 확신이 있다면, 기회를 엿보셔서 더 넓고 열린 기회가 많은 해외에서의 직장생활을 경험해 보시기를 추천 드립니다.